Em busca de si mesmo

Dados Internacionais de Catalogação na Publicação (CIP)
(Câmara Brasileira do Livro, SP, Brasil)

Reikdal, Marlon
  Em busca de si mesmo : o poder do autodescobrimento como filosofia / Marlon Reikdal. – Petrópolis, RJ : Vozes Nobilis, 2022.

1ª reimpressão, 2022.

ISBN 978-65-5713-374-3

1. Autodescobrimento 2. Comportamento 3. Desenvolvimento pessoal 4. Psicologia I. Título.

21-78672 CDD-158.1

Índices para catálogo sistemático:
1. Autodescobrimento : Crescimento pessoal : Conduta de vida : Psicologia 158.1

Aline Graziele Benitez – Bibliotecária – CRB-1/3129

MARLON REIKDAL

Em busca de si mesmo

O PODER DO AUTODESCOBRIMENTO COMO FILOSOFIA

© 2022, Editora Vozes Ltda.
Rua Frei Luís, 100
25689-900 Petrópolis, RJ
www.vozes.com.br
Brasil

Todos os direitos reservados. Nenhuma parte desta obra poderá ser reproduzida ou transmitida por qualquer forma e/ou quaisquer meios (eletrônico ou mecânico, incluindo fotocópia e gravação) ou arquivada em qualquer sistema ou banco de dados sem permissão escrita da editora.

CONSELHO EDITORIAL

Diretor
Gilberto Gonçalves Garcia

Editores
Aline dos Santos Carneiro
Edrian Josué Pasini
Marilac Loraine Oleniki
Welder Lancieri Marchini

Conselheiros
Francisco Morás
Ludovico Garmus
Teobaldo Heidemann
Volney J. Berkenbrock

Secretário executivo
Leonardo A.R.T. dos Santos

Diagramação: Sheilandre Desenv. Gráfico
Revisão gráfica: Nilton Braz da Rocha
Capa: Érico Lebedenco

ISBN 978-65-5713-374-3

Este livro foi composto e impresso pela Editora Vozes Ltda.

"Deus nos livre da Psicologia, pois tais digressões poder-nos-iam levar ao autodescobrimento! Preferimos as guerras a isso, pois elas são sempre culpa do outro."

C.G. Jung. *Os arquétipos e o inconsciente coletivo*, p. 454.

Sumário

Ouça o seu daímon   **11**

Apresentação   **15**

PRIMEIRA PARTE
Olhar para dentro

1 – Não saias!   **25**
Vai pra dentro! Em busca de si mesmo   **31**

2 – A filosofia do autodescobrimento   **33**
Vai pra dentro! Quem sou eu?   **47**

3 – A rolha no oceano   **51**
Vai pra dentro! O seu oceano   **60**

4 – O porteiro e o dono do prédio   **63**
Vai pra dentro! Confronto interior   **69**

5 – O deus em nós   **73**
Vai pra dentro! Hora de parar   **79**

SEGUNDA PARTE
A transformação

6 – O engodo de "ser melhor"   **85**
Vai pra dentro! Motivações   **93**

7 – O método: aceite quem você é! **95**

Vai pra dentro! Melhorias ou adulterações? **102**

8 – A transformação decorrente da aceitação **103**

Vai pra dentro! Em contato com o rejeitado **109**

9 – O que você faz com quem você é **111**

Vai pra dentro! Dando lugar para quem se é **117**

10 – A crise da meia-idade: transformação **119**

Vai pra dentro! Onde está a sua crise? **130**

TERCEIRA PARTE
Conceitos e aplicações

11 – As *personas* **135**

Educação ou castração? Vida ou morte? **138**

Vai pra dentro! Qual é o nível do seu refinamento? **141**

12 – O problema das *personas* **143**

Vai pra dentro! Quais são suas *personas*? **149**

13 – As *sombras* **151**

Não há como fugir de quem somos **156**

Vai pra dentro! Ideais morais **160**

14 – O encontro com as *sombras* **161**

O encontro com aspectos sombrios **163**

Vai pra dentro! O que a *sombra* traz para você? **167**

15 – A transformação do encontro **169**

A consciência que transforma **173**

Vai pra dentro! A sua transformação **180**

16 – Os sintomas **183**

O sentido do sintoma está no futuro **187**

A verdade por trás do sintoma **189**

Vai pra dentro! Sintomas e seus sentidos **195**

QUARTA PARTE
Nossa humanidade

17 – A condição humana **199**

As faces da condição humana **201**

Ser humano é mais gostoso **208**

Vai pra dentro! Amor ao inimigo **214**

18 – As consequências da fuga de si mesmo **217**

Orgulho **221**

Vaidade **224**

Ciúme **227**

Inveja **229**

Avareza **232**

Culpa **233**

19 – O amor que decorre do autodescobrimento **237**

A série do YouTube "Vai pra dentro!" **247**

Referências bibliográficas **253**

Ouça o seu *daímon*

Sócrates tinha o seu *daímon* e dava atenção a ele sempre que necessário. Platão se refere a essa "voz interior" em vários de seus discursos. O *daímon* seria o mensageiro dos deuses, a força interior que orienta os nossos caminhos e que expressa, simbolicamente, as nossas intuições mais próprias. Há nisso, para quem acredita, um pouco de conselho divino e, para quem orienta sua crença para "outras alegrias", um pouco de autorreflexão. Para Platão, no seu diálogo *Crátilo*, além disso, uma vida orientada pelo bem e pela verdadeira sabedoria (*phróneses*), seria transformada em *daímones*. Esse "grande gênio" (*daímon mégas*), como se lê no *Banquete*, representa a ponte entre deuses e mortais, em uma dinâmica que inclui a transmissão e a interpretação de mensagens. Como guias de almas, eles ajudam cada humano a cumprir o destino escolhido. Para Hesíodo, no seu célebre *O trabalho e os dias*, os *daímones* são protetores dos mortais e vigiam todas as suas decisões. Ao que parece, reside aí a origem etimológica da palavra: *daímon* é aquele que distribui destinos. Embora vagueiem pela terra e sua presença seja sentida em ações benéficas, jamais são vistos ou tocados.

Quando escreveu o seu *Ética a Nicômaco,* Aristóteles afirmou que a ética (e a política) são as ciências do sumo-bem e que este seria a felicidade. Na língua do filósofo grego, felicidade se diz *eudaimonia,* que poderia ser assumido como o estado de ser habitado por um *daímon* bom, ou seja, de se deixar orientar por um bom gênio, capaz de elevar cada indivíduo ao cumprimento de seu destino. A felicidade, assim, não é outra coisa que a afirmação de seu próprio destino, porque ouvindo o seu *daímon* cada ser humano pode conquistar a si mesmo. Atualizando essa ideia, podemos dizer simplesmente que ser feliz é possuir a si mesmo, é estar de posse de seu próprio destino, é encontrar a chance de se realizar plenamente como ser humano. Isso, como todos sabemos, não depende de posses, riquezas ou honras, mas de uma plenitude que só conquista quem escolheu morar dentro de si. Aí, no íntimo, o eu é uma terra imensa cheia de riquezas, cuja utilidade é apenas uma: fazer com que cada um de nós assuma seu destino como próprio. Em grego *eu* significa *bom,* fazendo com que *eudaimonia* seja o estado segundo o qual cada um de nós se deixa guiar por um gênio/espírito bom. Para onde ele nos levará? Para *dentro de nós mesmos.*

Esse é o tema do livro de Marlon Reikdal. Uma obra ao mesmo tempo reflexiva e carismática, que vincula as vivências de um profissional da psicoterapia com as viagens que seu próprio autor, gente como a gente, realizou para dentro de si mesmo. Não se engane: essa é a narrativa de um iniciado. Como quem foi ao íntimo do mundo e à verdade de si mesmo e voltou para comunicar, Marlon escreve não apenas como um erudito, mas como um experimentado. Ele se coloca, assim, na linha traçada por aqueles que fazem da viagem uma experiência, como sugere o termo alemão *Erfahrung,* que articula experiência com direção. Ir para dentro é o indicativo de um empreendimento cujas marcas serão definitivas e cujas lembranças são irrevogáveis. Marlon Reikdal, como Aristóteles, sabe que esse é o caminho para a felicidade – e que não há outro.

A linguagem, ao mesmo tempo leve e corriqueira, é um bilhete sem volta. Cada palavra soa como um peso que nos leva para mais fundo, mais para dentro, para uma tal interioridade que o olho tem dificuldades para se adaptar. Toda luz, afinal, pode doer à vista mas acostuma com escuridões. Sim, porque a caverna para onde Marlon quer nos levar não é feita de *sombras*, como aquela de Platão. Marlon sabe bem que tem muita luz dentro da gente. É lá que, embora não saibamos, todos queremos estar. Ler este livro nos ajuda a compreender essa preferência.

Ficar a sós consigo mesmo nesses salões iluminados da nossa própria interioridade é um ato de autoconhecimento. E é onde podemos ouvir, sem outros ruídos, a voz suave e boa de nosso próprio *daímon*, em tempos como os nossos, nos quais a pressa gera tanta distração e as obrigações enchem as agendas de compromissos e dívidas, cujo resultado é sempre um desvio do nosso destino.

Escrito durante uma pandemia, o livro acentua esse isolamento compulsório, nesses três lares que precisamos aprender, de novo, a habitar: o planeta, a casa e o corpo que é nosso. O melhor jeito de habitar é olhar para dentro. Foi Heidegger quem decifrou o enigma: dizer eu sou, *Ich bin*, é dizer *Eu habito*, porque "*Bauen, buan, bhu, beo* é, na verdade, a mesma palavra alemã '*bin*', eu sou nas conjugações *ich bin, du bist*, eu sou, tu és, nas formas imperativas *bis, sei*, sê, sede. O que diz então: eu sou? A antiga palavra *bauen* (construir) a que pertence 'bin', 'sou', responde: 'ich bin', 'du bist' (eu sou, tu és) significa: eu habito, tu habitas". O texto se chama *Construir, habitar, pensar*, no qual Heidegger aproxima o *ha-*

bitar com o *ser* e conclui sobre o modo próprio de ser que é o do ser humano: ser um animal que pensa e porque pensa, pode pensar a si mesmo. Quem pensa é o animal que habita e que constrói o que habita (os arquitetos são, primordialmente, os que pensam a casa, e por isso realizam primeiro a vocação do humano para o pensamento). O pensamento e a linguagem são, também, eles mesmos, formas de habitação porque organizam o mundo à nossa volta, dando sentido para o que está caótico. Diante do que passa, nós permanecemos através do pensamento. Permanecer é de-*morar*. Morar é ficar na memória, é ocupar a lembrança daquilo que o ser humano é. Por isso, habitar traz consigo a paz de um abrigo que Heidegger chamou de *resguardo*. É para esse lugar que o livro de Marlon nos leva, embora, como na passagem bíblica, ele não nos quer habitantes do conforto, como quem se satisfaz com o pouco. Esse resguardo é uma espécie de higiene. Como toda fonte, nossas águas, depois de passarem por muitas sujidades, voltam para dentro, para o escuro da terra, para saírem limpas de novo, em outro lado, dando de beber a outros andarilhos. *Em busca de si mesmo* é um convite, mas porque é tão urgente, é também uma convocação e, dependendo da necessidade, também uma ordem. Ler essas páginas é aceitar esse apelo para, enfim, poder viver de novo na luz – que é sempre sol de si mesmo. Só quem vê o caos, escreveu Nietzsche, é capaz de gerar estrelas cintilantes.

Jelson Oliveira

Curitiba, 14 de março de 2021, enquanto a cidade está em *lockdown*.

Apresentação

Embora conceitos como autodescobrimento, inconsciente e *ego* já façam parte do cotidiano, usados por muitas pessoas em diferentes contextos, a busca interior continua sendo um grande desafio para a maior parte de nós.

Entender que o autodescobrimento nos leva ao desconhecido para nós mesmos é perturbador para a maioria das pessoas, mas em especial para aquelas que acreditam piamente que são donas de si e que realmente sabem que são.

Além desse grupo, ainda há o daqueles que entendem o autodescobrimento como um mero mapeamento, uma forma de "reconhecer as falhas" para daí mudarem o que precisa ser mudado.

Poucas são as pessoas que realmente entendem o poder do autodescobrimento, ou seja, que o simples ato de buscar a si mesmo produz transformações, e mais, que essas transformações são mais profundas e significativas do que qualquer mudança comportamental.

Não é a simples questão de descrever comportamentos ou responder questionários de personalidade. O autodescobrimento nos leva ao mundo desconhecido que ocultamos de nós mesmos, e cada passo desse encontro tem o poder de nos transformar estruturalmente.

Porém esse caminho é uma contramão do mundo moderno, raso, superficial e apressado.

Sintomas como depressão, ansiedade e compulsões são vistos como uma espécie de "donzela vinda de longe", nas palavras de Sigmund Freud, pois "*ninguém sabia donde ela viera, de maneira que esperava que um dia desapareceria*". Agimos como se os transtornos, vindo de fora, pudessem ser tirados como quem extrai uma pedra, incapazes de entender que a maioria deles são produtos do mundo interior.

Se assim o é, o mais seguro caminho de "tratamento" desses sintomas é o encontro consigo mesmo. E nisso está o poder do autodescobrimento – ele nos transforma.

Perceber o comportamento como uma expressão do ser é um desafio. Somos o que antecede ao comportamento, e por isso pouco adianta mudar essa manifestação sem o encontro com as verdades interiores. Por isso mudamos tanto, mas não nos sentimos plenos, realizados.

Há quase um século Sigmund Freud, Carl Gustav Jung e outros já defendiam a tese de que somos conduzidos pelas forças interiores (não apenas traumas, mas desejos, medos, intenções, conflitos) e enquanto não tivermos coragem de adentrar esse mundo interno continuaremos atribuindo aos outros a responsabilidade pela nossa vida, seja o outro nosso cônjuge, os inimigos, Deus ou o destino, quando em verdade tudo isso fala do mundo desconhecido que somos cada um de nós.

Descobrir esse mundo interno é, ao mesmo tempo, fascinante e envolvente, como também assustador e desconfortável.

Quando não existe o diálogo com o mundo interior, com as forças que nos habitam, a vida interna pulsa mais forte, por vezes destrambelhada. A recusa a olhar para dentro é respondida por meio de culpas, críticas internas, visões, compulsões, doenças, reações inesperadas, sonhos repetitivos, imagens dominadoras, intuições...

Enquanto a maioria vem repetindo padrões, sendo quase que subjugadas pelo mundo interior, vivemos uma onda de otimismo imaturo, das frases afirmativas, dos pensamentos positivos, como se tudo pudesse ser modificado à custa de expressões a serem repetidas.

Do mesmo modo que responsabilizar o mundo pelo que somos ou sentimos não nos ajuda em nada, essas tentativas de mudanças exteriores podem corroborar com a desresponsabilização do sujeito, negando sua história, seus desejos, suas intenções e a complexa construção que resultou no que é hoje.

A proposta das psicologias profundas é de ir para dentro, conhecer-se com mais atenção e cuidado, para que, de posse dessa realidade, cada um consiga ter mais clareza dos caminhos e das possibilidades que estão ao seu alcance.

Queremos formalizar aqui o autodescobrimento como uma filosofia de vida, que capacita as pessoas a se perceberem com mais profundidade, a compreender seus problemas e sintomas como expressões complexas de quem se é. É uma postura frente à vida, não uma tarefa a ser desempenhada. É uma forma de estar no mundo, de constante abertura para elementos novos em nós mesmos, desconhecidos, que devem ser integrados. É um abstrair das certezas que sempre tivemos, da sensação de que sabemos quem somos, de que temos domínio das coisas.

Identificar e entender um pouco da dinâmica dessas forças internas "poderosas" que comandam nossas atitudes evita conflitos, favorece chegar mais longe e é um importante avanço para a nossa saúde integral.

Acredito que essa reflexão não deva ficar restrita aos consultórios de psicologia. Embora este livro não vise substituir o tratamento psicológico, o próprio paciente que se debruça com mais atenção sobre si mesmo tira melhores resultados da psicoterapia do que aquele que ainda procura um profissional para resolver problemas com os quais ele acha que não tem qualquer relação.

Mas, como dizíamos, ao mesmo tempo que o autodescobrimento é fascinante, é também constrangedor, afinal, o encontro com o mundo interno desconstrói quem achávamos que éramos – o *ego* é destronado, suas ilusões, e desfaz o castelo de fantasias que construímos a nosso respeito. Mostra o pior e o melhor que temos ou somos.

Quando estamos conectados à nossa interioridade não somos mais tão reativos às instâncias exteriores, sejam os medos ou expectativas dos pais, as imposições religiosas ou as manipulações políticas, não somos dirigidos pelas tradições castradoras, os preconceitos ensurdecedores, nem o fanatismo de qualquer ordem. É um rompimento com o mundo externo que desestabiliza o que conhecíamos até então de nós mesmos.

Essas instâncias "superiores" de fora só têm espaço dominador e ganham tanto sentido em nossa vida porque materializam as imagens que nos compõem, mesmo quando não acessadas e, se assim for, continuarão a nos governar enquanto permanecerem inconscientes.

Os pais nos oferecem experiências e direcionamentos, contudo o desenvolvimento interior prescinde de rompimentos com algumas dessas vivências para encontrar-se e realizar-se. O movimento se dá em decorrência do reconhecimento de si que, por consequência, concede menos valores ao que eles nos fizeram, nos disseram e esperavam de nós, e mais valor ao que fazemos com o que eles nos ofertaram, reconhecendo as diferenças, as expectativas que não nos cabem, os medos que não nos tocam e as histórias que não nos pertencem. O ideal de agradá-los, o medo da rejeição, o sentimento de responsabilidade, tudo isso aos poucos cai por terra, abrindo espaço para a realização do próprio potencial e a vivência da sabedoria interior que habita cada ser humano.

As religiões, que por muito tempo se impuseram sobre o ser humano ditando condutas pelas vias do medo, da barganha ou da castração, perdem força para o sujeito que aprende a dar ouvidos ao deus interior manifestado pela sua consciência. Esse reconhecimento não destrói a religião, mas dá às instituições religiosas outro lugar, "menos poderoso", restando-lhes ensinar a encontrar o Reino dos Céus, que está dentro do homem, como dizia Jesus, há mais de dois mil anos.

Do mesmo modo a política, o governo, a escola e tantas outras instituições que organizam a sociedade e ocupam um lugar de ordem, de salvação ou de demonização pelos sujeitos que estão desconectados de si. É conhecido de todos o caso de Albert Einstein e do descrédito que teve na escola, assim como de tantos brasileiros que odeiam ou amam o seu partido político, como se fossem o representante do céu, ou o inimigo a ser destruído a qualquer custo – sem perceber que viver em função dos discursos institucionais, deixando que eles nos governem, é a verdadeira loucura.

Assim como em relação aos pais ou à religião, o sujeito que olha para dentro consegue fazer uso do que o mundo lhe oferece, sem estar vendido ou precisar se colocar em referência a ele em aceitação irrestrita ou em oposição total. Ninguém nem nada está absolutamente correto ou errado, merecendo adoração ou ódio. Daí se esvaem os preconceitos, fenecem as culturas repressivas e os extremismos encontram o meio-termo – que Aristóteles chamou de "perfeição".

O autodescobrimento oferece um caminho do meio. Mas não o meio da simples ponderação, nem tanto ao céu, nem tanto à terra, um "mais ou menos" sem graça de uma sociedade medíocre que, por medo de errar, nem se arrisca. Na perspectiva do inconsciente, os problemas não nascem dos excessos (e nem da falta). A questão é a inconsciência de si, e por estar inconsciente do que realmente busca, pesa mais num lado do que noutro, precipita-se em algo que não lhe preenche, e faz-se dependente ou extremista, por falta de conhecimento de si. O excesso também é produto da inconsciência. Por isso dizemos que o autodescobrimento é uma mediação entre o mundo interno e externo, num importante caminho de ordem e estabilidade pessoal, familiar, social, econômica, cultural, espiritual... Não é possível fazer apenas aquilo que se deseja, nem tampouco pode-se viver atendendo ao mundo e esvaziado de si. Buscar-se a si mesmo é uma tarefa, mas saber como se relacionar com isso que é descoberto é a verdadeira arte.

Por fim, o autodescobrimento nos levará à coletividade. Do mesmo modo que a desconexão consigo leva ao egoísmo, à corrupção, à guerra e ao preconceito, o encontro interior leva naturalmente o sujeito ao amor, à conexão, a uma vivência mais plena, com relações profundas e significativas. Não é o amor do indivíduo que tem que ser bonzinho, do interesseiro que quer ir para o céu, nem daquele que tem medo de ser mau – é a consequência natural da consciência de quem realmente somos.

Para isso, fomos criando uma "trilha" com sugestões de exercícios que chamamos "Vai pra dentro!" A leitura do livro não prescinde dos exercícios, mas tenho certeza de que, se você se propuser a fazê-los, e for lendo o livro, sem pressa, mas a partir do seu amadurecimento pessoal, você conseguirá caminhar em direção a si mesmo.

PRIMEIRA PARTE

Olhar para dentro

1
Não saias!

Carl Gustav Jung, em sua autobiografia intitulada *Memórias, sonhos e reflexões*, cita um adágio alquimista que é uma das bases de nossa reflexão: "*Não saias! É no interior do homem que habita a verdade*" (JUNG, 2014, p. 186).

Essa não é uma frase de psicólogos, é uma filosofia de vida. Isso faz pensar no tempo que gastamos olhando para fora, pensando nos outros, falando dos outros ou tentando analisar o comportamento alheio. A verdade está dentro de cada um de nós, então olhar para o outro é um desperdício de tempo e de energia que não vai acrescentar praticamente nada. Gastamos muito mais tempo pensando e falando de coisas e pessoas lá fora do que voltados para dentro.

Uma analogia interessante é a da alma humana (mente ou qualquer outro nome que expresse esse mundo interior): ela é como um jardim. Sendo assim, os jardins necessitam de atenção e cuidado. O que diferencia um belo jardim de um horroroso terreno baldio é o investimento que fizeram neles. Com raras exceções, tanto jardins quanto pessoas, na medida em que têm atenção e cuidado merecido, florescem. Acontece que em relação à nossa alma o único jardineiro que consegue acessá-la somos nós mesmos.

Talvez isso nos auxilie a compreendermos por que para muitos é tão difícil viver em família, ter um bom relacionamento, amizades verdadeiras, um trabalho realizador. As preocupações, os investimentos e os sentidos estão fora. Desde o problema a ser resolvido até o objetivo a ser alcançado, tudo está desconectado da realidade interior. Sendo assim, quando alcançamos o objetivo, ele não nos preenche, não realiza, dando apenas uma euforia inicial que logo é dissolvida pela rotina, do mesmo modo como não conseguimos resolver problemas nas relações, sejam com os filhos, com os amigos ou na conjugalidade. E quando precisamos parar, ficar quietos, em silêncio conosco mesmos, não nos sentimos bem e logo arrumamos um subterfúgio.

Analisar a própria responsabilidade numa discussão ou num desentendimento é bastante desafiador. As pessoas despendem horas e mais horas na tentativa de justificar que o problema é o outro, que se ele mudar tudo será maravilhoso, que a situação atual não é de sua responsabilidade, sem perceber a parte que lhe cabe no estado das coisas. Os introvertidos talvez tenham mais facilidade nesse estado, mas nem por isso deixam de viver a inflexibilidade, a postura distante, o comportamento arbitrário, a apatia, a submissão ou a conivência num rol de comprometimentos pessoais que dificilmente são enxergados por si mesmo.

Todos temos muitas críticas e muitas soluções, mas poucos temos olhares internos e ações transformadoras. Sabemos exatamente o que os governos precisam fazer, porém somos incapazes de perceber nossa realidade e a mudança que depende de nós, do mesmo modo que é tão difícil enxergar como atrapalhamos o desenvolvimento dos nossos filhos querendo que eles sejam iguais a nós, ou da incapacidade de perceber como favorecemos as traições, as decepções e danos que os outros "nos causam".

Por óbvio, o outro, que é "do mesmo material" que nós, inserido na mesma cultura, vindo pelos mesmos caminhos, também justifica que o problema é nosso. O professor responsabiliza os alunos por estarem desinteressados, os pais falam do isolamento dos adolescentes e estes reclamam dos pais e professores, num ciclo retroalimentado que só é interrompido quando alguém decide caminhar em busca de si mesmo. Vemos repetidas vezes as "DR's" sem fim, de acusações sem autopercepção, que mais desgastam a relação do que constroem algo novo, a educação dos filhos que termina como "*aqui eu mando e você faz do seu jeito quando tiver a sua casa*", dos filhos que querem ser o oposto dos seus pais, excedendo-se no extremo contrário com seus, então, filhos.

Chegamos nas relações esvaziadas, nas traições que são muito mais comuns do que se imagina; nas relações superficiais no mundo virtual, onde nosso jeito de ser nunca vem à tona por conta do distanciamento; ou, o que tem se tornado muito comum, os relacionamentos em casas separadas, as relações sem filhos, as relações abertas para o descomprometimento com o outro, da vida sexual irresponsável, dos encontros fortuitos – não por eleição ou gosto que deve ser respeitado, mas muito para evitar o que não suportam, por medo de tocar ou ser tocado interiormente.

A desconexão com as próprias verdades é um obstáculo para as relações verdadeiras com qualquer um. Quem não procede de dentro para fora não pede desculpas nem sabe dizer eu te amo confortavelmente (e comprometidamente). Desculpas pressupõem reconhecer os próprios erros, mas isso tem sido raridade numa sociedade que só olha para fora. Do mesmo que não sabe também oferecer seu amor, porque estará na expectativa da retribuição, do reconhecimento, do medo da frustração ou da rejeição, não conseguindo se entregar. Sem vida interior é difícil entender que não é entrega ao outro para que ele me faça feliz, é entrega à minha verdade interior, pois só ela me realiza e me plenifica o ser.

Quando dizem que mais vale amar do que ser amado, talvez esteja aí o entendimento. Quem ama está em contato com seu mundo interior, oferecendo o que tem de melhor, e por isso não importa o que o outro ache, pense ou faça com aquilo que lhe oferecemos. É a minha verdade, é o meu tesouro, e por isso a minha realização. O ser que espera ser amado, mesmo sendo, nunca se sente pleno, porque a questão é interior, agindo sempre pela falta, pelo que não tem ou não recebe, insatisfeito com algo que julga estar lá fora, até descobrir que seu desafio não é encontrar a "pessoa certa", e sim, ser a pessoa certa.

Jesus também falou nesse mesmo sentido, ao afirmar: *"Encontrareis a verdade e a verdade vos libertará"*. Mas que verdade é essa? As "verdades" religiosas que geraram mortes, preconceito e guerra ou a verdade interior, que dá estado de tranquilidade para aceitar-se, e, por consequência, aceitar o outro?

Ao analisar os dramas da sociedade atual vemos o quanto a falta de algumas verdades gera a dependência das drogas, os quadros de depressão, de ansiedade, de transtornos alimentares, e infelizmente os casos de suicídio.

Não queremos ser reducionistas, mas de modo geral o sujeito das drogas se utiliza delas para alimentar uma mentira, seja para aliviar as opressões internas ou para se sentir poderoso, sem enxergar o que realmente é e o que tem de melhor e de pior. Na depressão, sem dúvida alguma, muitas pessoas oscilariam menos, inclusive na bipolaridade, se encarassem suas verdades, olhando para culpas, desapontamentos, medos, intolerâncias, bem como a ansiedade, no querer mostrar ou ser algo "perfeito", *assombrado* pela possibilidade do erro, do equívoco, do feio, que é tão humano. E, por fim, o suicídio, cada vez mais volumoso, sendo buscado por inúmeras pessoas para não precisarem olhar para o fracasso, para a frustração, para a dor e a desilusão, pois morrer parece mais fácil e mais rápido do que aprender a conhecer e suportar quem se é.

No meio de tudo isso, vai se tornando comum ter dificuldade para dormir, acordar cansado, ter a vida monótona e sem sentido, a sexualidade destrambelhada, um nível elevado de *stress* ou de vazio existencial. A melatonina apareceu como remédio milagroso para o sono daqueles que não consultaram um psiquiatra para tomar os "remédios de tarja preta" que estão na cabeceira da cama de um imenso número de pessoas, não só de brasileiros. Rotineira também são as dietas para emagrecimento e os inibidores de apetite daqueles que não refletem sobre o sentido da comida nas suas vidas. Do mesmo modo que a indústria da pornografia movimenta milhões e milhões, alimentada por aqueles que ainda não têm coragem de perguntar o que está acontecendo consigo e qual o sentido desse desejo.

Até o final da obra, abordaremos também o orgulho, a vaidade, o ciúme, a inveja e a avareza como consequências do desconhecimento da verdade. Mas enquanto isso, fica o questionamento: O que houve conosco? Como nos perdemos tanto de nós mesmos?

Questiono isso porque a proposta de autodescobrimento não é nova. Sócrates, na entrada do templo de Delfos, há mais de 23 séculos, observou a inscrição: "*Oh homem, conhece-te a ti mesmo e conhecerás os deuses e o universo*", e fez dela a base da sua filosofia, que é conhecida por muitos.

É interessante pensar que as pessoas iam ao templo para questionar o deus Apolo, pedir orientações ou respostas para suas questões, e antes desse contato passavam pelo pórtico com essa inscrição atribuída aos sete sábios, datada há quase 3 mil anos, e mesmo assim entravam. Dizemos interessante, pois, se o sujeito levasse a sério o que leu, nem entraria no templo para questionar um deus sobre sua própria vida. Voltaria para casa, meditaria sobre a questão e começaria a viagem interior. Mas mesmo assim as pessoas iam, do mesmo modo que continuamos buscando templos e pitonisas modernos, na figura dos doutores, dos líderes religiosos, dos terapeutas, das novidades e as promessas de milagres, insistindo em desconsiderar o que a filosofia, os alquimistas, a psicologia e muitos ramos da medicina estão nos mostrando: é preciso ir pra dentro!

Em busca de si mesmo

A nossa viagem para dentro começa com a mudança de postura: uma busca por nós mesmos. Portanto, o primeiro exercício é manter o olhar em si, ao longo de toda a leitura (de preferência, mantenha o olhar para si ao longo de toda a sua vida).

Se a sua leitura até aqui abriu margem para pensar no seu marido, na sua esposa, nos seus pais, filhos, amigos ou inimigos, o primeiro exercício prático é ler novamente e tentar manter toda a atenção voltada para você, para aquilo que o toca, para aquilo que você faz ou não faz, para seus exemplos, sem fugir um segundo ou uma frase sequer.

É quase inevitável lermos algo e pensarmos num outro alguém. Parece até um senso de coletividade, de querer contribuir com os outros, de ajudar. Mas não é. Eu garanto! Isso tem mais cara de fuga do *ego* do que de coletividade. A coletividade vem na consequência do encontro consigo, enquanto a fuga do *ego* é esse caminho silencioso de falar do outro para não falar de si.

Então, mantenha-se presente o tempo todo, e se seu pensamento se desviar, se o *ego* quiser despistar, como na meditação, traga-o gentilmente de volta!

2
A filosofia do autodescobrimento

Antes de qualquer conceito ou teoria específica sobre o autodescobrimento, é importante entender a ideia de uma filosofia de autodescobrimento, sem a qual toda técnica ou explicação poderá ser usada pelo sujeito contra seu próprio processo.

Não é filosofia no estrito, mas a ideia de que existe uma lógica, um pensar que antecede qualquer análise ou observação. Sem essa noção das ideias que permeiam a viagem interior, qualquer técnica se torna inócua, os conceitos são usados para evasão de si em racionalizações indevidas, e os exemplos que poderiam servir de caminho para o despertamento são justificados, neutralizando o potencial transformador.

Defendemos que a busca por si mesmo não é uma ação, ou seja, não há como ser realizada à custa de questionários, de esquemas ou de oráculos. Não se dá por uma simples leitura de livro ou um plano estratégico elaborado com passos a serem executados. O mais estudioso dos psicólogos, se não souber favorecer essa cultura que permeia as ações e as estratégias, não consegue conduzir o sujeito para dentro.

Há uma série de princípios que podem favorecer o estabelecimento dessa filosofia, e é empolgante saber que, ao mesmo tempo em que nos responsabiliza pelo processo, não delegando para ninguém mais, nos coloca como colaboradores de uma construção social, em todos os ambientes e relações que nos encontramos.

O autodescobrimento, como filosofia de vida, deve permear a educação dos filhos, a relação com os cônjuges, com familiares e amigos, no ambiente religioso, e até um tanto do ambiente de trabalho, mas tudo isso é consequência da forma como vivemos interiormente.

Quando temos posturas de exigência, de julgamento, de crítica ou de preconceito, desestimulamos as pessoas a olharem para dentro. Mas só fazemos isso com os outros porque nos tratamos da mesma forma. O oposto também é verdadeiro. A capacidade de se suportar, de acolher-se com respeito, também se reflete nas relações e dá às pessoas a certeza de que são aceitas e amadas independentemente de como se encontrem. Essas pessoas se sentem mais encorajadas e amparadas na viagem interior, de um modo espontâneo, não pelo que falamos, mas pelo que somos.

Vejamos alguns aspectos que fundamentam essa filosofia:

Ce n'est pas grave, c'est la vie!

Há poucos dias estava conversando com uma amiga que vive na França. Falávamos de autodescobrimento, de sonhos e dos ratos da França que estavam nas ruas, por todas as partes. Ela me contou que as pessoas lá aprendem a conviver com os ratos que, para nós, num primeiro momento, causam um asco. Eles dizem: *Ce n'est pas grave, c'est la vie!*, que poderia ser traduzido como *"Não é tão grave, essa é a vida!"*

Isso se aplica perfeitamente ao autodescobrimento! É constrangedor. Queremos justificar, melhorar a cena, embelezar quem somos ou negar nosso mundo sombrio. Daí os franceses me vêm à mente ajudando a acomodar aquilo que não pode ser modificado a nosso bel-prazer.

É claro que ainda temos a fantasia de que podemos nos modificar, com as adaptações comportamentais e as promessas fantásticas de mudanças a curto prazo. Explicaremos isso logo à frente, resgatando Sigmund Freud e a noção de inconsciente, que denunciou que tudo aquilo que não é aceito e assimilado pelo *ego* não deixa de existir – apenas se torna inconsciente.

O primeiro princípio do autodescobrimento está em render-se a quem você é. Não é a acomodação da síndrome de Gabriela, na música de Dorival Caymmi: *"eu nasci assim, eu cresci assim, eu vivi assim, eu sou mesmo assim, vou ser sempre assim"*. Também não é a recusa à transformação como aqueles despeitados ao afirmar *"eu sou assim e pronto!"* ou *"quem quiser que me aceite"*. É um certo estado de maturidade, de reconhecer que os nossos desejos egoicos são muito pequenos em relação a tudo que somos como psiquismo, que não escolhemos gostar disso ou daquilo, ser introvertido ou extrovertido, racional ou emocional. Podemos no máximo escolher como o que somos se apresentará no mundo. Para a maioria das coisas que descobrimos, temos que dizer: *Ce n'est pas grave, c'est la vie!*

Todas as verdades têm um lugar!

Se dá um frio na barriga dizer que "é a vida", também é necessário entender que todas as verdades têm um lugar no mundo – às vezes você está querendo se colocar num lugar que não cabe ou manter uma relação que não dá mais. Ao invés de descobrir novos lugares, tentamos nos constranger, adaptar, diminuir ou aumentar, para caber, para pertencer, para ser algo para alguém.

O autodescobrimento como filosofia pressupõe ser fiel à sua verdade. Claro que se abre uma imensa interrogação de quais são nossas verdades, e quais são as construções que fizemos para esconder nossas verdades por medo desse "não lugar". Mas o que quero reforçar é que é preciso ampliar horizontes, descobrir novas possibilidades, e assim tudo se torna um pouco mais fácil.

Há pessoas que mudam de lugar e de relação justamente para não precisar confrontar suas verdades interiores. Alguns separam no primeiro enrosco, outros tentam mudar de área profissional, e há quem mude de país para não precisar reconhecer suas raízes. Não é disso que estamos falando. Isso são as máscaras que construímos, e não nossas verdades, e por isso elas ficam sempre com um ar de desconforto e nos dão uma silenciosa sensação de não pertencimento.

Você não se conhece!

Nem você, nem eu, nem ninguém. Diga-se de passagem, os indivíduos que acham que se conhecem, na maioria, são os mais difíceis de se relacionar. Se conhecer é uma busca!

As pessoas que se dizem "analisadas" porque se submeteram à terapia analítica ao longo de anos, ou aquelas que "ganharam alta" do psicólogo, como se fosse um certificado de maturidade, geralmente são as que mais racionalizam, justificam e superficializam a viagem interior, tendo respostas para tudo e explicações para todas as suas atitudes.

Assumir que não nos conhecemos é um grande desafio porque não estamos acostumados ao "não saber". Não ter respostas parece inferior, imaturo. Não sabemos suportar as dúvidas e entender que são justamente elas que nos levam além. Geralmente as respostas interrompem o processo enquanto as perguntas intensificam. Aquele reducionismo que fizeram da teoria freudiana, como se fosse uma abordagem causalista, que explica *"Você é assim por causa disso ou daquilo"* não tem base no pensamento do pai da psicanálise.

Somos um mundo profundo, infinito em termos de vivências e de possibilidades, por isso a postura é de busca de si mesmo. Não há como conhecer tudo que somos, como nenhum mergulhador pode dizer que conhece todo o oceano, por mais que tenha gastado um longo tempo submerso.

Então, quando surgir a vontade de explicar, de justificar, para dizer que você é assim, ou para se defender de alguma acusação, dizendo que não é, pare! Assuma e suporte que você não se conhece por inteiro, que existem muitas zonas desconhecidas dentro de nós mesmos e ao invés de tentar explicar ou justificar, interrompendo o processo, abra-se para novas perguntas que o levarão mais profundo, num percurso sem fim, onde, ao final da vida, embalados por Sócrates, seremos capazes de assumir o *"só sei que nada sei"* a respeito de nós mesmos.

Autodescobrimento não é um lugar para chegar

Sendo assim, primeiro, não tenha pressa! Segundo, não queira chegar a lugar algum.

Não há pote de ouro, não há troféu, pódio nem medalha. O que há como resultante da busca de si mesmo é uma vida emocional mais confortável, relações mais transparentes, vivências mais autênticas, e isso sempre pode ser intensificado com novas descobertas, ou seja, não termina nunca.

Não há como definir uma linha para dizer que alguém se conhece, ou mesmo que não se conhece. Todos nós, em alguma medida, vivemos a viagem para dentro.

Ao entender que não é um lugar para chegar, você descobre que o mais importante não é "quantas coisas você descobriu", como se estivesse numa competição acumulando pontos. Pouco ou nenhuma diferença faz se você enxergou dois aspectos sombrios ou duzentos. O importante realmente é o que você faz com cada elemento descoberto. Ou seja, como você se relaciona com ele daqui pra frente? Qual lugar você dá a ele? O quanto você é capaz de permitir que ele transforme a sua noção de identidade e o abra para um mundo novo?

Você pode conhecer uma milésima parte de si e isso ser profundamente transformador, refazendo imagens e ideias equivocadas que tinha a seu respeito, enquanto alguém pode entrar em contato com inúmeras *sombras* e a única transformação que vive é a soberba de achar que se conhece mais do que os outros porque conseguiu identificar isso ou aquilo.

Não refute nada e não aceite nada (de imediato)!

Nada do que os outros falam a seu respeito deve ser refutado de imediato, pelas justificativas ou explicações.

Quando a mãe ouve do filho que ela é mandona, talvez o impulso da maioria dos pais seja justificar, inclusive com as mesmas palavras: "*Mandona, eu?*", "*Eu só quero o teu bem!*" ou "*Quando você crescer você vai me dar razão"*, sem perceber que estão dizendo para si mesmos e para o outro *"Suas impressões a meu respeito não são verdades"* e, por consequência, *"Eu sei quem eu sou".* Mas esse próprio padrão de resposta já condena essa pessoa: Mandona sim! Mandona e impositiva. Mandona e inflexível. Mas sem qualquer conhecimento disso.

Como filosofia de vida, tente não justificar, nem mostrar ao outro o seu ponto de vista. Pare! Mas não pare apenas de discutir, para continuar alimentando suas fantasias silenciosas, internamente pensando *"Deixe-o falar, coitado!"* Tente pensar no que ele está falando. *"Por que falou aquilo?"*, *"O que ele viu que fez pensar isso de mim?"*, *"Será que ele vê algo que ainda não enxergo?"*

Fique com os temas em aberto, sem se debater, sem pressa de se livrar deles ou de assimilá-los. Aceite como um presente, como uma seta que pode o levar mais para dentro.

Mas também não aceite tudo que as pessoas falam a seu respeito, em especial, de imediato. Por vezes colocamos algumas pessoas em um pedestal, e tudo que elas falam se torna regra, seja para o positivo ou para o negativo, como o pai que disse *"Você nunca será ninguém"* ou a tiete apaixonada que quer se promover à custa de elogios a dizer *"Você é o melhor!"*

Tente parar e refletir, sempre, com mais cuidado. Toda colocação do outro é permeada pelo olhar dele, pelos complexos dele, pelas intenções conscientes e inconscientes que lhe tomam. Tanto os elogios como as críticas trazem seu tom de verdade e de mentira, porque falam um tanto de nós e um tanto do outro. Então, vá com calma, tanto no aceitar como no refutar.

Não refute nada e não aceite nada (em absoluto)!

Dentro dessa perspectiva, queremos reforçar que a vida e o tempo são ótimos para peneirar o que deve ficar do que deve ir, pois eles vão nos mostrando aquilo que faz sentido, aquilo que não faz, sem que nada seja definitivo.

Ao dizer para não refutar nada e não aceitar nada em absoluto, queremos defender a ideia de que algumas coisas que hoje não fazem sentido, daqui a um ano podem fazer. Não havia como ser integrado naquele momento, mas depois encaixou-se perfeitamente. Muitas coisas precisam de um amadurecimento interior e se você as refuta em uma determinada fase de sua vida, e não estiver disposto a revisitá-las em novas oportunidades, impedirá um tanto do autodescobrimento. Do mesmo modo, algumas coisas ou ideias, depois de um tempo, não cabem mais. Eram ótimas, faziam todo o sentido. Explicavam perfeitamente determinadas situações. E não só ideias, também relações, instituições, autores, religiões...

Aceitar que a vida é constante movimento, que somos fluidos e por isso estamos nas ciências humanas e não nas ciências exatas, é mais saudável e menos estressante. Não temos que manter um personagem para toda a vida.

Como um palco de teatro, alguns papéis cabem agora e não caberão depois, enquanto outros que eram inconvenientes no início serão essenciais no fim da peça.

Quem é você? Nada e nenhuma coisa em definitivo. Experimente!

O que você vê fala mais de você do que daquilo que foi visto

Embora seja constrangedor, é necessário entender que quando você olha para alguém e pensa *"Que cara arrogante"*, você está olhando para a sua própria arrogância projetada nele. Não importa se ele é ou não é. O fato é que você só identifica e se irrita com aquilo que lhe habita. Como poderíamos saber das intenções, dos dramas e das verdades dos outros? Isso é impossível[1].

Você não está falando dele. Está falando de você o tempo todo, daquilo que está no seu mundo interior, mesmo que não seja expressado. E isso serve tanto para os elementos negativos como para os positivos. A admiração ou o apaixonamento tem a ver com o reconhecimento dos nossos conteúdos inconscientes vistos no outro[2].

Essa forma de olhar para dentro é uma das mais importantes ferramentas de autodescobrimento e trataremos disso em algum momento. Tudo que você vê e descreve, pensa e supõe sobre o outro deve ser analisado como uma possível manifestação do seu inconsciente, uma tentativa de comunicação do mundo interno levando-o a reconhecer fora o que um dia você reconhecerá dentro.

Diferencie comportamento e identidade

É comum que as pessoas, à medida que começam a enxergar algo a seu respeito, se esforcem para mudar o comportamento, na fantasia de que ao não agirem mais daquela forma não sejam mais identificadas com aquele tipo de pessoa, e chamam isso de transformação.

Sinto muito em dizer, mas para a Psicologia Analítica as coisas não funcionam bem assim. Você pode mudar os comportamentos, falar mais manso, não dizer palavrões, parar de fazer sexo, usar de

---

1 Assim que tiver um tempo, leia um pouco mais sobre "projeção psicológica". Eu tenho um vídeo no YouTube: "Autodescobrimento e projeção psicológica". Mas o convite é para o incrível vídeo de Debbie Ford chamado "O efeito *sombra*".

2 No caso do apaixonamento, a sugestão é a obra *Parceiros invisíveis: o masculino e o feminino dentro de cada um de nós*, de John A. Sanford.

palavras doces e dizer "gratidão" o tempo todo, e isso não o torna uma pessoa melhor necessariamente. Podem ser apenas máscaras, escondendo de você mesmo a sua verdade, distanciando ainda mais e dificultando seu processo de equilíbrio interior.

Talvez esse seja um dos pontos mais delicados e, portanto, mais difíceis de serem reconhecidos. Aprendemos a nos identificar pelas atitudes do menino mau que bateu no coleguinha ou da menina boazinha que não dá problema, sem cogitar que um mesmo comportamento pode ter inúmeros sentidos ou intenções.

O bom comportamento pode ser a tentativa de esconder a identidade, como a puritana que não faz sexo, mas traz dentro de si uma devassa sexual, reprimida, que quer se promover socialmente ou não correr o risco de ser rejeitada. Do mesmo modo, a compulsiva sexual pode ser a mulher frágil, amordaçada, que se manifesta no ato em busca do outro e de alguém que lhe valorize. O arrogante e impositivo pode trazer em seu interior um medroso, que está rendido à opinião alheia, tentando se impor para esconder suas fragilidades e o medo que traz de rejeição e abandono, assim como o quietinho e adequado pode ser um grande interesseiro e egoísta que mostra apenas aquilo que sabe que será valorizado e aplaudido.

Vamos trabalhar isso ao longo do texto, mas agora quero anunciar: Não se esforce para mudar comportamentos, em especial os comportamentos que você não gosta. Isso pode ser só uma das inúmeras estratégias que o *ego* encontra de tentar manter as coisas como são, sem precisar mexer na caixa-preta.

Quando falo do poder do autodescobrimento é no sentido de que ele transforma as pessoas. É uma força maior que atua em nós e não o *ego* querendo moldar condutas.

Não se pergunte o porquê! Essas explicações não são importantes.

A pergunta *"Por que eu faço isso?"* não ajuda no processo de interiorização. Para a maioria dos comportamentos não existe um motivo específico no tempo, nem uma causa exata. Até os traumas que parecem algo pontual trazem em seu bojo algo mais complexo, antecedendo ao momento traumático, que define a forma de processar o acontecido.

Somos um somatório de experiências, de relações. A busca por si mesmo está menos ligada à causalidade e mais à ampliação de percepção. Sendo assim, ao invés de perguntar *"Por que eu faço isso?"*, tente se perguntar *"Onde mais eu fiz ou faço isso?"*, ou *"Com quem mais eu ajo assim?"*, ou *"Em que situações eu reajo da mesma forma?"*

Não feche! Abra!

"Eu sou agressivo porque meu pai era agressivo!" é o tipo de resposta inconveniente, dos acomodados que desejam se livrar da responsabilidade. O fato de um pai ser agressivo com um filho não justifica que ele faça o mesmo. Alguns farão o oposto. Outros aprenderão o que não fazer. E outros repetirão.

Então, onde está a nascente? Não sabemos! Tem um sentido mais profundo. E para você se aproximar desse sentido, comece por ampliar seu olhar percebendo onde mais, quando mais e com quem mais você faz ou sente o mesmo.

Outra forma de ampliação que dá vazão a novos *insights* é perguntar *"A que isso me remete?"* Por vezes surgem imagens, cenas do passado ou desejos do futuro que nem imaginamos que estavam ligados a essa cena de agora. Esse é o sentido da tradicional frase dos psicólogos: *"Fale mais sobre isso!"* É uma forma de ampliação, de enxergar o mesmo fenômeno por outros ângulos, com novas associações.

Uma boa imagem para entender essa ideia é o processo de montar quebra-cabeças. Todos que já montaram um quebra-cabeças com mais de 10 peças sabem que é impossível você querer pegar uma peça aleatoriamente e determinar o local exato dela. O que geralmente fazemos, em especial naqueles maiores, de centenas ou milhares de peças, é ir juntando por forma ou por cor. Na medida em que temos um significativo número delas, começamos a montagem e então descobrimos a figura. Enquanto não há um número mínimo de pecinhas, não há como tentar montar. E isso pode ser aplicado ao entendimento do inconsciente. Quanto mais você consegue identificar peças, ou seja, onde aquela experiência se repete, com quem aquele sentimento se manifesta, ou em que momento aquilo aparece, mais fácil fica de identificar a figura que rege a cena.

Com isso, reforçamos a ideia de não ter pressa, de não ser tão exigente nem inflexível, de manter a postura de abertura, o desejo de ampliação, e suportar o conhecido. Essas coisas somadas nos levarão naturalmente ao autodescobrimento.

Por fim, descubra que estamos todos no mesmo barco!

Essa expressão faz muito sentido para quem está no processo de se conhecer. *"Estamos todos no mesmo barco"* quer dizer que, embora em diferentes posições, com aparências disfarçadas, com discursos diversos, fazemos parte da humanidade, com seus conflitos e desafios, pessoais e intransferíveis.

Inevitavelmente, quando começamos a enxergar algo que produz um conflito moral interno somos tomados por constrangimento, por vergonha, por aquela sensação de fraude como se somente nós fôssemos aquilo.

Não vemos nos outros aquilo que enxergamos em nós. Mas não pare aí. Será que as pessoas enxergavam em você isso que hoje você enxerga? Talvez sim, talvez não. O que quero argumentar é que do mesmo modo que não conhecemos o mundo interno dos outros, eles também não nos conhecem, e porque não falamos disso, ficamos com a sensação de criminosos, escondidos. Em verdade, somos todos um tanto criminosos, corruptos e inadequados, do mesmo modo que somos todos um tanto santos e deuses.

Costumo brincar com alguns pacientes e dizer que um dia eu vou colocar todas as pessoas que já atendi juntas e obrigá-las a falar das suas questões internas para os demais, sendo todos obrigados a constatar que estamos todos no mesmo barco.

Esse é um dos grandes benefícios da terapia de grupo, que por muitos é repelida. Descobrimos em grupo que podemos até fazer sintomas diferentes, mas nossa condição interna é muito parecida. O que muda de um para o outro é a forma como lidamos com os conteúdos humanos, mas não há grandes diferenças quando olhamos para dentro. Alguns se escondem atrás das drogas, enquanto outros escondem-se atrás do dinheiro, do sexo, do poder ou das compras. Uns parecem mais bonitos porque tampam seus buracos com os discursos religiosos, enquanto outros fazem a guerra para se sentirem fortes e melhores. Uns falam do que lhes vai na alma, outros negam e se tornam fanáticos ou puritanos, enquanto alguns conseguem colocar em letras de música e poesia, mas olhando bem de pertinho mesmo, estamos todos no mesmo barco, do humano, demasiado humano de Nietzsche.

O grande desafio não é ser ou deixar de ser algo. É ir descobrindo o que sou para ter a autonomia e a consciência de decidir o que farei com essas verdades. Não tem como deixar de ser quem sou, mas é possível refletir como isso que sou aparece no mundo, de que forma, onde e quando!

Quem sou eu?

Se eu fosse eu, por Clarice Lispector

Quando eu não sei onde guardei um papel importante e a procura revela-se inútil, pergunto-me: "Se eu fosse eu e tivesse um papel importante para guardar, que lugar escolheria?"

Às vezes dá certo. Mas muitas vezes fico tão pressionada pela frase "se eu fosse eu" que a procura do papel se torna secundária, e começo a pensar, diria melhor sentir.

E não me sinto bem. Experimente! Se você fosse você, como seria e o que faria?

Logo de início se sente um constrangimento: a mentira em que nos acomodamos acabou de ser movida do lugar onde se acomodara. No entanto, já li biografias de pessoas que de repente passavam a ser elas mesmas e mudavam inteiramente de vida. Acho que se eu fosse realmente eu, os amigos não me cumprimentariam na rua, porque até minha fisionomia teria mudado.

Como? Não sei.

Metade das coisas que eu faria se eu fosse eu, não posso contar.

Acho por exemplo que por um certo motivo eu terminaria presa na cadeia. E se eu fosse eu daria tudo que é meu e confiaria o futuro ao futuro.

"Se eu fosse eu" parece representar o nosso maior perigo de viver, parece a entrada nova no desconhecido. No entanto tenho a intuição de que, passadas as primeiras chamadas loucuras da festa que seria, teríamos enfim a experiência do mundo.

Bem sei, experimentaríamos enfim em pleno a dor do mundo. E a nossa dor, aquela que aprendemos a não sentir.

Mas também seríamos por vezes tomados de um êxtase de alegria pura e legítima que mal posso adivinhar. Não, acho que já estou de algum modo adivinhando, porque me senti sorrindo, e também senti uma espécie de pudor que se tem diante do que é grande demais.

Após a leitura do texto de Clarice, pergunto: Quem é você?

Dê-se tempo, mas não raciocine demais. Vá escrevendo o que vem à mente, sem justificativas, sem explicações. Apenas escreva.

Antes de continuar a leitura, pare, pense e responda!

Clarice fala do não saber, e também do não ser. Esse lugar é o começo do nosso caminho. Defina quem você é, mas com a abertura para que ao longo da obra você vá respondendo a outros questionamentos e, com isso, ampliando cada vez mais a noção de quem você é.

Depois que você escrever, volte aqui para eu lhe ajudar a ampliar um pouquinho mais. Mas tente escrever primeiro para que a minha direção não lhe atrapalhe.

Então vamos lá!

Volte para seu texto e tente perceber qual padrão existe ali. Você privilegiou suas funções, suas tarefas, seus sentimentos, seus defeitos? Ficou em respostas vagas de pessoas que têm discursos bonitos por que não querem se comprometer?

O que realmente o diferencia dos demais, que o caracteriza? Você conseguiu pôr em termos psicológicos qual é o cheiro da sua pele, seu gosto, sua cor, ou seja, aquilo pelo qual as pessoas realmente o reconhecem?

O que predominou na sua resposta: elementos negativos ou positivos?

Você ficou em descrições religiosas ou em análises mais profundas?

Por fim, você consegue sentir o peso e o prazer de ser quem você é?

3
A rolha no oceano

Quanto mais certezas temos de quem somos, mais distantes estamos do processo de autodescobrimento. Essa afirmativa ficará mais clara com a apresentação de três conceitos iniciais: *ego*, inconsciente e *Self*.

Este não é um livro de psicologia, e por isso não me prestarei a apresentar os conceitos e analisá-los como se estivéssemos na universidade. Trarei algumas metáforas, e com elas pretendo esclarecer os conceitos, mas ao longo das demais análises e exemplos as coisas ficarão mais claras.

O *ego* é o centro da consciência, condição para uma vida psíquica saudável. Nos casos de "loucura" temos um *ego* fragmentado, que não consegue distinguir dentro e fora, concreto e fantasia, sendo tomado pelas imagens interiores. Acontece que ele é uma pequenina parte no todo que os teóricos chamaram de psique – a parte consciente e a parte inconsciente.

Para melhor compreendermos a relação do *ego* com o inconsciente vamos imaginar uma rolha no oceano; e no capítulo seguinte, para entendermos melhor a relação entre o *ego* com o *Self*, vamos usar a metáfora do porteiro.

A primeira pergunta para instigar essa análise é: Qual é o grau de comparação entre as dimensões de uma rolha e de um oceano? Infinitamente pequena! Essa é a mesma proporção entre o que temos consciente, acessado pelo *ego* e o inconsciente.

Essa foi a analogia que alguns estudiosos das psicologias profundas se utilizaram, e embora o termo inconsciente seja usado no cotidiano, as verdadeiras implicações desse conceito não são reconhecidas ou levadas a sério por todos que se utilizam desse termo.

Primeiramente a Freud foi associada a metáfora do iceberg, definindo a parte exposta como a consciência e a parte submersa como o inconsciente, onde a parte visível representaria menos de um décimo da realidade total, sendo conduzida pela parte submersa. Essa perspectiva mostra que a parte consciente, aquilo que sabemos a nosso respeito, que temos domínio e acesso, é muito menor do que o todo que somos, ou seja, somos muito mais direcionados pelo inconsciente do que imaginamos, embora fantasiemos o controle total de nossas atitudes, movimentos, desejos e intenções.

Jung, após o neurologista vienense, corrobora que o sujeito é movido pelos conteúdos inconscientes, mas amplia a noção de inconsciente para além das experiências diretas que foram reprimidas e dos impulsos pessoais que conduzem aquela vida. Para o psiquiatra suíço, o sujeito é, de alguma maneira, influenciado por toda a história da humanidade, o que torna a relação entre consciente e inconsciente sem proporção específica – ou seja, uma rolha num oceano.

Essa perspectiva do inconsciente é absolutamente complexa de ser apreendida, seja em termos cognitivos ou científicos. Como essas forças atuam em nós? Qual é o limite da genética, da história, da psique?

Certo é que as conclusões de Jung não foram mera especulação, mas o resultado de suas pesquisas, do empirismo a que se expôs, descobrindo caminhos antes mesmo que a ciência materialista pudesse explicá-los. Atualmente alguns desses percursos começam a ser melhor delineados cientificamente com o estudo da epigenética, por exemplo. Mas acredito que a maior dificuldade é a compreensão do inconsciente em termos morais, pois pressupõe reconhecer que o homem é regido por forças internas desconhecidas e involuntárias. A experiência mostra que muitas vezes a vontade consciente é estrangulada e o sujeito é tomado por outras partes de si mesmo que não reconhece como tais. Dizemos que estava fora de si, que perdeu o controle, que não se reconheceu naqueles atos ou desejos, e por aí mesmo encontramos o inconsciente.

Mais do que isso, a descoberta do inconsciente pela perspectiva psicológica dá uma segunda rasteira no *ego*: hoje já temos clareza de que tudo aquilo que não temos o desejo de ser, que nos esforçamos para nos livrar, apenas passa do estado consciente para o inconsciente, mas não deixa de nos habitar e nos influenciar.

Num primeiro momento as pessoas que ouvem isso ficam atônitas. Como assim que não mudei? Como assim que posso estar apenas camuflando ou escondendo de mim mesmo aquilo que não gosto e que me esforcei tanto por me livrar?

Isso é difícil de ser assimilado, em especial, pelas pessoas religiosas, de culturas castradoras, que acreditaram que ao negar seus conteúdos pessoais, se esforçando para não ser, conseguiriam se livrar efetivamente deles.

Os estudos freudianos demonstraram que o máximo que o sujeito consegue com essa ação arbitrária de querer ser assim ou assado é a repressão, ou seja, que o conteúdo vá para o inconsciente e não seja mais percebido pelo *ego*. Mas esse material agora inconsciente não deixará de influenciá-lo de onde estiver.

Retomando o exemplo da puritana, ela não enxerga a sua sexualidade, e jurará que não tem desejos sexuais. Porém, ela fala e pensa mais em sexualidade do que a maioria, como se o inconsciente estivesse lhe obrigando a olhar para esse tema. Analisa a conduta alheia, critica, recrimina, sem perceber que mantém um contato íntimo com a sexualidade e é determinada por isso cotidianamente, nas roupas que usa ou não usa, e naquilo que pode ou não pode fazer.

A puritana, assim como todos nós, que vivemos situações de inconsciência, não sabe do que lhe vai no fundo. Não é uma questão de mentira, de esconder dos outros por vergonha ou medo. É um esconder de si mesmo, impedindo a relação com aqueles conteúdos – por isso dizemos que está inconsciente, ou seja, desconhecido para o próprio indivíduo.

Mas do mesmo modo que esses argumentos são ineficazes para que a puritana assuma sua sexualidade, não há nada ou ninguém que vá nos falar dos conteúdos reprimidos e simplesmente aceitaremos. É preciso mais reflexão, reconhecimento desse mundo desconhecido, análise dos seus sintomas, diminuição das resistências, aceitação de quem se é, reconhecimento de sua humanidade, para que aos poucos o inconsciente possa ser ouvido pelo *ego*.

Jung questiona: Por que muitas vezes nos sentimos insatisfeitos? Por que não agimos com bom-senso? Por que não fazemos só o bem? Por que temos de deixar sempre um canto para o mal? Por que ora falamos demais, ora de menos? Por que repetimos bobagens que poderiam ser evitadas se pensássemos um pouco mais? (JUNG, 2007).

Isso é o inconsciente em nós. O mesmo que reconhecia Paulo de Tarso ao afirmar *"Não faço o bem que quero, mas o mal que não quero esse eu faço"* (Rm 7,19).

Ao falarmos dos transtornos mentais essa relação fica escancarada. Por que o depressivo não se anima, ou o ansioso não se acalma? O drogado não tem força de vontade, e o obeso só precisa se controlar na comida. Essas são colocações descabidas de todos aqueles que ainda não se deram conta da realidade interior. Ou julgamentos daqueles que ainda não tiveram que se deparar com seu próprio inconsciente e descobrir quão impotente somos frente a ele.

Neurotizamos sempre que interrompemos o fluxo entre consciente e inconsciente. Saúde, nesse sentido, não é conter ou silenciar as forças internas, porque isso é impossível sem pagar um alto preço. O desafio é conseguir reconhecer esse estado de coisas e aprender a navegar nesse mar.

Jung apresenta um texto espetacular sobre o inconsciente:

> Pensa-se de um modo geral que quem desce ao inconsciente chega a uma atmosfera sufocante de subjetividade egocêntrica, ficando neste beco sem saída à mercê do ataque de todos os animais ferozes na caverna do submundo anímico. Verdadeiramente, aquele que olha o espelho da água vê em primeiro lugar sua própria imagem. Quem caminha em direção a si mesmo corre o risco do encontro consigo mesmo. O espelho não lisonjeia, mostrando fielmente o que quer que nele se olhe; ou seja, aquela face que nunca mostramos ao mundo, porque en-

cobrimos com a *persona*, a máscara do ator. Mas o espelho está por detrás da máscara e mostra a face verdadeira (JUNG, 2011a, § 42-43).

O inconsciente é algo tão forte e tão grande em nós que afirmar "temos um inconsciente" é ingenuidade ou pretensão. O mais cordato seria inferir que "somos um inconsciente", com uma pequenina parcela consciente: a rolha.

A rolha é o que temos na consciência, aquilo que sabemos a nosso próprio respeito, aquilo que pode ser direcionado. É fácil entender isso quando nos perguntam por que gostamos de determinada cor e não de outra, ou por que somos desse jeito e não daquele. Não há respostas claras porque todas elas são energias submersas nesse oceano. A rolha que entende essa dinâmica jamais desejará ter autonomia sobre o oceano, como o *ego* saudável não quererá ter autonomia sobre o inconsciente. É possível usar do vento, aproveitar a maré, e isso devemos fazer, mas sem a ilusão de que podemos nos dirigir arbitrariamente.

Importante também, nessa relação, entender que somos tudo isso – a rolha e o oceano. Mas o que sabemos a nosso respeito é a rolha, ou se estiver demais constrangedor pense numa pequena ilha...

Agora vem o baque: Se essa imensidão nos compõe, se somos o oceano, como podemos repetir frases como "*Isso eu tenho certeza de que não sou!*", ou ter certeza de nossas intenções e desejos? Essas supostas certezas de que somos ou não somos algo, sentimos ou não sentimos, seria o absurdo de imaginar que mergulhamos no oceano, conhecemos todos os detalhes, vasculhamos tudo e voltamos dizendo: de fato, não há isso aqui dentro. Impossível!

A esposa nos fala: "*Você é egoísta demais*" e tentamos argumentar "*Eu?*", como se tivéssemos certeza de todas as forças, vasculhássemos nosso inconsciente e afirmássemos que não há egoísmo lá. Faz sentido isso?

Quem começa a se conhecer e estudar o inconsciente é constrangido a parar de argumentar, de se defender, de justificar. Fica o silêncio e a reflexão: pode ser que sim... Pode ser que eu apenas não esteja enxergando. Mas o fato de não enxergar não me empodera para dizer que sou assim ou não. Podemos não enxergar nada ali a partir da rolha, ou da ilha, justamente porque está submerso, ou seja, porque não é visto pelo *ego*. Mas esse conteúdo pode estar atuante, ser percebido pelos demais, e apenas nós não o vemos, resistimos, justificamos, racionalizamos.

Você consegue sentir o constrangimento de ter todas as certezas se esvanecendo? O passado, a história, as experiências, as possibilidades, o futuro, o potencial, quase tudo hoje está submerso. Alguns veem seu potencial, mas você não o vê. Outros veem seus monstros, que também você não consegue enxergar. E fato é que alguns veem o próprio inconsciente refletido em você, mas esse é um outro assunto. Quando alguém sinaliza algo a nosso respeito, é hora de parar, se abrir para essa possibilidade e suportar pôr-se frente a frente com o desconhecido em nós.

Disso, recordei-me do diálogo entre o peixinho da lagoa e a gazela:

> Narra-se que um peixe ficava sempre deslumbrado quando uma gazela dos prados vinha beber no lago onde ele vivia. Acostumou-se, de tal forma, que um dia se lhe acercou e tentou um diálogo com o belo e veloz animal. Timidamente, depois, sentindo-se aceito, com mais franqueza, interrogou: "Onde você vive?", ao que o animal respondeu: "No mundo imenso". Curioso e feliz, voltou

a indagar: "E esse mundo imenso, é do tamanho do meu lago?" "Não, não!" – redarguiu a outra, com jovialidade. – "É muito grande, muito grande mesmo" Algo assustado, o peixinho insistiu: "Diga-me, por favor, é duas vezes, cinco vezes ou dez vezes maior do que o meu lago?" E ouviu a resposta que o estarreceu: "É infinitamente maior, sem qualquer possibilidade de ter-se uma medida do seu tamanho". O peixinho, antes sorridente, olhou a gazela feliz, e concluiu o diálogo: "E você não tem medo de viver nele? Pois eu teria, sim". E mergulhou nas águas amigas, aturdido e desconfiado com o exagero daquele animal presunçoso (FRANCO, 2004, p. 141).

Esse diálogo retrata o receio que temos de sair de nosso mundo pequeno e limitado, contentando-nos com o sofrimento das buscas, encontros e respostas imediatas. Ao mesmo tempo, revela o despeito frente a todo aquele que já viveu um pouco mais, que adentrou o desconhecido, o inimaginado, mas nem por isso falso.

Reconhecer nossa pequenez frente a essa imensidão é a primeira grande consequência do processo de autodescobrimento – menos certezas, menos discussão, menos justificativas. Além disso, mais silêncio, mais observação, mais reflexão.

De que verdade estamos falando? Do ângulo da rolha? E o que ela é nessa imensidão? Que certezas podemos ter, a respeito de nós mesmos ou de qualquer outro alguém? Essa metáfora nos diz todo dia: "*menos, bem menos*".

Quando digo que o autodescobrimento é uma filosofia de vida, é nesse sentido. Aprender essas coisas vai mudando a forma de enxergarmos o mundo e a nós mesmos.

O simples fato de começar a reconhecer a presença do inconsciente em si já nos transforma de algum modo, nos tirando de um pedestal, do lugar da verdade, da supremacia, para o estado de humanidade, de imperfeição, de pequenez, do devir.

As certezas a nosso respeito caem por terra. Como saber? Há um mundo infinito, desconhecido a ser desbravado, sem fim. Como você pode ter tanta clareza de quem você é, ou do que você não é?

As justificativas começam a perder força e a gente começa a se abrir para o novo.

Isso também gera uma abertura para o novo no outro, afinal, como podemos ter certeza das suas intenções, daquilo que ele é ou não? Estamos vendo apenas sua ilha, sua rolha. E qual o mundo que ele tem submerso?

Mas também não se detenha muito nisso. O nosso oceano já é grande demais, e precisa de nossa atenção. Apenas compreenda que estamos em alto-mar, e nada mais é certo como o *ego* gostaria que fosse.

O seu oceano

Vou pedir para fazer algumas listas. O melhor seria escrever. Mas também seria bom fazer sem pressa. Escrever, dar-se um tempo, voltar ao texto quem sabe outro dia, dando a oportunidade de seu inconsciente trazer informações esquecidas, coisas que não são rapidamente acessadas. Se você assim fizer, irá mais pra dentro.

Com o primeiro exercício você escreveu quem é você. Agora queremos complementar isso escrevendo quem você já foi.

1) Faça uma lista de tudo aquilo que você era na sua infância e adolescência e que hoje não se reconhece. O passar dos anos, as mudanças de fases, as dificuldades e facilidades da vida nos impõe transformações que às vezes nem temos clareza de que fizemos.

2) Faça uma segunda lista daquilo que você já foi e não é mais, independente de positivo ou negativo (de verdade essas qualificações não nos ajudam). Escreva aquilo que você transformou, seja porque não gostava e tentou mudar, ou que gostava,

mas se perdeu ao longo do tempo ou foi negado pelo sofrimento que trouxe em consequência. Inclua os grandes eventos e suas transformações, como a nova profissão, casamento, filhos, morar num país novo, uma nova religião – são eventos que nos marcam profundamente e nos levam a decidir mudanças, geralmente para caber dentro das expectativas de cada um desses papéis. Coloque tudo!

3) Faça uma terceira lista com os pensamentos, sentimentos, desejos e impulsos que já vieram à sua mente e que por algum motivo foram recusados. Muito material é negado porque parece feio, sujo, inadequado, errado, estranho, e nem chegam a ser compartilhados com as pessoas a nossa volta, por vergonha, medo de julgamentos etc.

4) Por fim, faça uma última lista com o que falam ou falavam de você, independente se você concorde ou não. Pode colocar nessa lista as coisas da infância, as colocações dos irmãos sacanas, dos primos, do pai seja ele idolatrado ou odiado, da mãe. Anote o que falavam de você, e também o que falam hoje em dia.

Agora, junte todas essas listas e contemple: você está à frente de uma parte do seu oceano.

Não é para fazer nada, nem mudar nada. É para olhar. Colocar-se nesse lugar de desconhecido de si mesmo. As pessoas tinham certeza do que éramos? Não sabemos! Era verdade o que os outros falavam? Não sabemos! Então não conseguimos evoluir em nada e não transformamos coisa alguma? Não sabemos!

Por isso, precisamos nos pôr frente a esses conteúdos, e ficar com eles, sem brigas, discussões ou justificativas. Apenas ficar aí, pelo tempo que eles pedirem, e pelo tempo que você suportar.

Após esse encontro, vamos continuar! Mas vá consciente de que mesmo essas coisas todas que parecem um mundo imenso, elas ainda representam muito pouco em relação a todas as suas verdades e tudo aquilo que compõe o oceano que todos somos.

4
O porteiro e o dono do prédio

O processo de autodescobrimento pressupõe um estado de constrangimento, uma espécie de surto, de dor, de susto, de medo, decepção e vergonha quando o *ego* começa a descobrir que não está no centro de tudo. Se o *ego* não está no centro, quem então está? Ou somos um todo desgovernado, sem direção, na neurose de conciliar desejos e proibições?

Se a imagem da rolha no oceano ajudou a compreender a relação entre o *ego* e o inconsciente revelando o nosso real tamanho, agora vamos usar a metáfora do porteiro para melhor assimilarmos a relação de hierarquia entre o *ego* e o *Self*, pois esse último é, para Jung, o verdadeiro centro da psique.

Em psicologia analítica dizemos que o *ego* é o centro da consciência, ou seja, a ilha, e o *Self* é o centro da psique, ou seja, do oceano.

Traduzindo Jung do alemão, alguns usam o termo Si-mesmo, mas o conceito é o mesmo, nomeando algo imensamente maior do que o *ego*, de diferentes formas em diferentes teorias psicológicas. Jung diz:

O Si-mesmo está para o *ego*, assim como o Sol está para a Terra. [...] Quando usamos o conceito de Deus estamos simplesmente formulando um determinado fato psicológico, ou seja, sua independência e supremacia de certos conteúdos psíquicos que se caracterizam por sua capacidade de opor-se à vontade, de influenciar nossos estados e nossas ações (JUNG, 2014, § 400).

Como eu gosto de metáforas para entendermos os conceitos, para melhor compreensão da relação hierárquica a qual o *ego* está (ou deveria estar submetido), ele seria o porteiro de um prédio, e o *Self*, a instância superior da psique, seria o dono.

Quem determina as regras, que diz como as coisas serão, o que é realmente importante não é o *ego*, e sim o *Self*. O extremo oposto seria o desprezo do *ego*, a ausência da vontade, como se o *ego* não pudesse querer. Mas não é bem assim. O *ego* tem um papel fundamental, pois ele é o porteiro, e um prédio sem porteiro seria um caos. O porteiro, embora não tenha a autoridade de criar as regras, tem a responsabilidade de fazer com que elas se cumpram, mantendo uma ordem e um funcionamento previamente estabelecido.

O cumprimento das leis gera um estado de saúde, de plenitude. O descumprimento gera o adoecimento, seja ele psíquico ou físico.

Metaforicamente, as leis podem não ser cumpridas por um determinado tempo, mas sempre chega o dia que o *Self*, depois de tentar orientar e não ser ouvido, se impõe. Esse é o caso do sujeito que trabalhava mais do que estava ao seu alcance e tem uma crise de esgotamento (Síndrome de *Burnout*) ou um infarto com menos de 40 anos. Não é diferente de muitas pessoas com crises de coluna, enxaquecas ou problemas de pele. Entendemos que o componente psicológico dessas doenças é a manifestação do *Self* dizendo que algo precisa ser revisto, que algo precisa ser mudado.

O *Self* tenta se comunicar de diferentes formas, e por isso precisamos estar atentos ao mundo interno. Mas quando ele não é ouvido, em determinado momento se impõe, não dando mais opções ao *ego* de continuar atuando como estava fazendo. É como se o porteiro fosse chamado a atenção, com bilhetes e lembretes, e por continuar ignorando, um dia o dono desce à portaria e lhe dá uma escorraçada, uma advertência e ele não tem mais opção.

Como um porteiro, o *ego* é a instância que faz a mediação entre o mundo interno e o mundo externo. Ele precisa avaliar as necessidades internas, ao mesmo tempo que não pode descuidar das demandas externas.

Vejamos alguns exemplos mais claros: ao tocar o despertador alguns temos vontade de ficar deitados. Mas há obrigações e se não nos levantamos para trabalhar, corremos o risco de perder o emprego e ter maiores complicações. Sendo assim, o *ego* está na cena a dizer "*Ok. Seria bom ficar dormindo o dia todo, mas não é possível. Mais dez minutinhos e então nos levantamos*". Essa é uma mediação saudável, considerando uma necessidade e ao mesmo tempo uma imposição externa. Às vezes precisamos dizer para nós mesmos que vamos trabalhar e naquela noite nos deitaremos mais cedo, para não deixar de atender o pedido interior.

Nesse tipo de exemplo, aquele indivíduo que quer aumentar sua produção, ganhar uma fortuna, e não está em acordo com as ordens internas, vai trabalhar muito mais do que pode, sem descanso, até o dia que bate o carro ou comete um erro que lhe custa a promoção almejada – essas situações podem ser lidas como uma forma de manifestação do *Self*.

Nesse emaranhado de ordens, algumas vindas de fora e outras de dentro, é comum darmos mais ouvidos àquilo que temos acesso (e porque não fomos ensinados a ouvir o mundo interno), como no caso de filhos que tentam ser o que os pais querem que sejam. Estudam algo que não tem interesse, e não se sentem realizados profissionalmente. Alguns jubilam no curso, são reprovados ou não conseguem mais ir para as aulas, mesmo que estejam no último ano – simplesmente não conseguem porque estão em confronto, desrespeitando uma regra, ou poderíamos dizer, uma verdade interior.

O *Self* é o gerente da psique, considerado por Jung como "*deus em nós*" (JUNG, 2014, § 399). Algumas religiões denominam de o cristo interno, o buda interior, o eu profundo etc.

Interessante é que, por maior que seja essa instância, ela precisa do *ego* para fazer a mediação com o mundo externo, por isso faço a analogia do porteiro. O *Self*, embora sábio, não está ali com a cara pra bater, e justamente por causa disso consegue se manter intacto, sendo o portador das nossas verdades, sem as adulterações ou conveniências modernas. O *Self* dá o tom, mas é o *ego* quem avalia as condições e escolhe as estratégias de materialização das ordens interiores.

Esse sistema parece perfeito. Mas por algum motivo não damos a necessária atenção ao mundo interior. Parece que fomos educados, desde muito pequenos, a prestar atenção nos outros, nos olhares, no que esperam de nós, e com essa desatenção do mundo interior, esquecemos do seu lugar de mediador, elegendo o exterior como mais importante. Esses somos nós hoje em dia, mais preocupados com a aparência das coisas do que com nossa própria essência, na supervalorização do ter, mais do que do ser, alimentando uma sociedade hipócrita, rasa e superficial.

Atualmente poucas vezes nos perguntamos se realmente queremos, se realmente é importante, se necessitamos. Na grande maioria das vezes o *ego* tem atuado em função dos discursos, dos preconceitos, pelo medo da opinião alheia ou pelo receio de não ser aceito, de não ter um lugar no mundo ou de ser rejeitado. Muitas vezes, mesmo tentando se voltar para dentro, não conseguimos respostas verdadeiras, porque nem sabemos como nos comunicar com a "torre de controle", não sabemos qual é o ramal para estabelecer essa comunicação. Nunca subimos naquela sala de comando. Nem sabemos se realmente há uma, muito menos, se há alguém lá, e por isso o porteiro vai conduzindo os processos a seu bel-prazer, acreditando que está fazendo o melhor trabalho, porque é o que ele acha que é o melhor, desconsiderando a existência de regras internas.

Assim que termino de escrever essa frase, parece que consigo ouvir algumas pessoas falando: "*Regras internas, como assim?*" A gente tem hora de comer, de dormir, de descansar, mas isso ainda é muito básico e fisiológico. Obviamente que essas devem ser seguidas, mas existem muitas outras, que são regras do sistema psicológico, que merecem enorme atenção, antes que o grande gerente venha dar seus esculachos.

Não deveria isso ser matéria da escola? Será que as crianças não deveriam, desde pequenas, ser ensinadas a prestar atenção ao mundo interior, aos sentimentos, às intuições? Será que isso não deveria estar auxiliando as pessoas na escolha da profissão, do relacionamento, nas grandes decisões da vida? Quantas decisões infundadas, quantas escolhas por aparência, quantas ações precipitadas, tudo isso porque não aprendemos que as ordens vêm de dentro.

Grande parte do trabalho de uma análise é ajudar o paciente a ouvir seu mundo interno, as ordens do *Self* e se organizar de modo a fazer que elas conscientemente entrem em vigor. Quantas pessoas estão insatisfeitas no trabalho porque tomaram a decisão do que fazer pensando no caminho mais fácil, ou apenas no dinheiro ou no *status*? Quantas relações estão enfadonhas porque o casal não ouviu a determinação de que aquele tempo deu, mas não tem coragem de bancar uma separação e pagar o preço de mudar de vida? Quantas mulheres vivem a relação sexual sem graça porque não ousaram falar das suas necessidades, gostos e prazeres?

Nesses casos, é como se o analista, por ter um pouco mais de experiência, tentasse ouvir e comunicar o *Self* do paciente, para que a partir das primeiras tomadas de consciência o próprio sujeito, que vai ganhando intimidade com esse mundo interior, conseguisse se colocar mais próximo do *Self* e ser mais bem direcionado a partir de então.

Será que com essa metáfora fica claro a afronta que é querermos determinar comportamentos, formas de ser e agir, sem consultar o mundo interno? Seria a mesma ousadia de um porteiro querer estabelecer regras e ordens num prédio onde ele é apenas um contratado para prestar serviço. Deveria ele, a cada nova situação, consultar o verdadeiro responsável, para saber como proceder, porque reconhece seu papel de execução, do mesmo modo que nós deveríamos nos voltar para dentro com muito mais frequência para bem direcionarmos a vida.

É preciso entender que o *Self* é a representação do divino em nós, da sabedoria, da verdade. Ou seja, se algo vem dele, precisa ser acolhido com respeito e consideração. Não cabe pensar se sim ou não, cabe refletir como aquilo será vivenciado.

Confronto interior

Aqui vamos trabalhar com dois grandes grupos: o que não foi feito e o que foi feito, tendo por móvel o interno e o externo.

AS COISAS NÃO FEITAS

Quantas coisas você queria fazer e deixou para trás por receio do que iam pensar, por medo ou insegurança? O que você deixou afundar, dos seus sonhos, desejos, ideais porque deixou que a voz exterior falasse mais alto? Quantas ideias e vontades vieram à mente e foram recusados sem motivos claros. Quantos impulsos foram rejeitados pela simples sensação de que os outros veriam quem somos?

Aqui tem um pequeno parêntese para a tal da preguiça. No meu vocabulário, a maior parte do que as pessoas chamam de preguiça ou procrastinação é medo de não conseguir, medo de frustração, de não dar conta. Mas como é desagradável dizer "estou com medo", a gente aprendeu a colocar a preguiça, que, embora "feia" é mais confortável e justificável do que o medo.

E o que não foi feito por conta de ouvir o mundo interior, você já viveu isso? O desistir no momento exato, o abrir mão porque algo dentro de ti dizia que não fazia sentido? Que coisas você deixou de fazer para ser fiel a si mesmo? Supostas responsabilidades, cargos, *performances*, que de repente algo lá dentro questiona: por que você está aí? E então, você abre mão! Mas não por medo. Abre mão por coragem de ser quem você é!

AS COISAS FEITAS

Agora tente colocar frente a frente quantas das suas decisões ao longo da vida foram tomadas com base no mundo externo e quantas delas com base no mundo interno. Quem sabe, fazer uma coluna possa ajudar a comparar a quantidade, e também os resultados.

É evidente que não temos clareza de tudo, até porque não existe uma linha divisória determinando uma coisa de outra. Mas eu quero proporcionar-lhe esse exercício, de tentar perceber às vezes que você tomou uma decisão porque estava conectado, porque vinha algo de dentro dizendo que aquele era o caminho, que aquilo era o melhor a ser feito. E também, pense nas ações que foram tomadas por conta das "vozes exteriores". Fazer para provar algo. Conseguir para tentar mostrar um valor. Agir para ser alguém que você achava que os outros esperavam que fosse. Quantas vezes fez por medo, fez por desconhecimento das suas verdadeiras necessidades, para não parecer preguiçoso. Quantas vezes você se precipitou para atender expectativas alheias a si mesmo, se expondo, se exigindo, se mostrando.

ELEMENTOS PARA ANÁLISE

A primeira comparação a ser feita em cada uma das etapas é se há mais elementos interiores ou exteriores. Se mais decisões foram ouvindo o mundo deus interno, ou se foram arbitrárias, talvez até com motivos desconhecidos.

A segunda comparação é dos sentimentos. Como você se sentiu em cada uma das situações? Qual é o sabor de fazer aquilo que vem de dentro? E qual o sabor de agir para atender algo fora de nós?

Então, faça a terceira comparação: os resultados. O que houve no primeiro caso, e o que houve no segundo? E veja bem, resultados aqui não podem ser medidos pelas questões materiais. Há pessoas que abriram mão de um trabalho ou de uma promoção, para terem mais espaço para o afeto e o vínculo com a família. Materialmente o resultado pode até parecer prejuízo, mas interiormente o ganho é inestimável. Quem viveu isso sabe do que estou falando. Por vezes, os mais importantes elementos de nossa vida, os grandes direcionamentos que nos realizaram, que mudaram nossa vida, foram esses que vieram de dentro, consequência de tentarmos ouvir nossas verdades, comunicadas por uma "voz interior".

5

O deus em nós

Já argumentamos sobre a importância desse diálogo com o grande gestor, com o *Self*. Falamos também da necessidade de isso começar a acontecer em nossa sociedade cada vez mais cedo, para que as pessoas se distanciem cada vez menos dos seus aspectos essenciais em detrimento das exterioridades. Contudo, a maioria de nós está envolvida por essas demandas externas, sentindo a necessidade da viagem interior, sem saber para onde correr. Então pare!

Até quem está nessa busca interior tem se perdido em meio a vídeos, textos, *lives*, cursos, numa enxurrada de informação, criando mil outras demandas externas. Pare! A viagem é para dentro!

A grande massa tem uma rotina de compromissos, papéis sociais entre família, trabalho, amigos, serviços voluntários, religião etc. Contudo, não podemos tomar esses envolvimentos como justificativas para não vivenciarmos o silêncio que favorecerá o encontro pessoal. Invertemos a ordem das coisas, a prioridade da vida, e por isso sofremos.

De nada adianta estarmos com os filhos se não estivermos bem, ou darmos conta de todas as responsabilidades do cotidiano passando por cima dos que amamos. Muito menos estarmos cheios de conteúdos e teorias sem a reflexão interior que produz a verdadeira transformação de dentro para fora.

Não há como realizar esse encontro pessoal na balbúrdia do cotidiano, frente a compromissos sem significado. O autodescobrimento, o desvendamento dos artifícios egoicos não se realiza na superficialidade do cotidiano. Necessitamos de espaço mental para o autoencontro, de reflexão, mediante análise cuidadosa, que somente se faz possível no silêncio e no recolhimento.

Hoje em dia, no primeiro minuto sozinho, conferimos o celular, as redes sociais, ou ficamos entretidos com os aplicativos de todas as ordens que ocupam nossa mente e nos distanciam de nós mesmos. Alguns dizem: *"É só um joguinho".* Você realmente acha isso?

No meio de uma guerra, da construção de um prédio, da execução de um projeto, o aparente inofensivo joguinho é o gatilho de uma catástrofe, e acredito que muitos estamos fazendo isso, sem perceber. Os casamentos andam mal e continuamos nos aparelhos (celular, *tablet*, computador, tv *smart*...). Os filhos estão crescendo e estamos distraídos. Também queremos que eles se distraiam, e assim não gastamos tanta energia com eles, para podermos desperdiçá-las com nossas distrações. E não se evadam os impositivos, aqueles mais rígidos, que querem ser ouvidos e obedecidos, e que dizem *"eu não uso isso!"* sem perceber que alguns a sua volta usam para fugir dessas relações pesadas.

A distração tornou-se o padrão, e com isso a vida interior é que paga o preço.

Relacionamos a escassez de *insights* e a deficiência na percepção de si como consequências da falta de investimentos nessa vida interior.

Além disso, identificamos que além de hábitos de uma sociedade desmantelada de recursos internos, usamos do tumulto externo e de todos os atrativos vazios que o mundo oferece, justamente para não ouvirmos o mundo interior.

Somos hábeis em nos justificar, em fazer manutenção dos equívocos e criar respostas fora de nós para evitarmos mexer no que está dentro. Restritas são as nossas habilidades de silenciamento, titubeante é nossa coragem, e caso não assumamos essa empreitada rumo ao inconsciente não encontraremos a verdade que nos habita.

O *Self* deseja se manifestar, faz para ser reconhecido e se realizar na consciência. Contudo, o *ego* se utiliza das ocupações cotidianas para silenciar esse impulso e não ter que se deparar com a realidade existencial. Vivemos um atordoamento do mundo interior e nos acostumamos a isso. E não estamos tratando apenas de um simples silêncio da boca, do não falar. É preciso silenciar o *ego*, as justificativas, os planejamentos, as ordens, as obrigações, bem como as distrações.

Parando, teremos que ouvir esse pronunciamento interior que conflitará com os interesses egoicos. Vai que o deus interior sinaliza que tenho que mudar algo que está cômodo, que preciso pedir desculpas, que devo me dedicar mais a isso ou àquilo, que preciso assumir que não dou conta ou que não sou o que idealizo ser. Então, é melhor manter-se ocupado, o tempo todo, desde o acordar mexendo no celular até a TV no último minuto antes de dormir, na tentativa de calar a verdade.

Mas se você faz isso, aguarde e logo você terá um susto (se já não teve alguns). São as rasteiras da vida. Isso é o *Self* "metendo os pés na porta" e se fazendo ouvir.

Não espere por isso, ou não deixe que isso se repita com frequência. Adiante-se ao processo, pare, interiorize, ouça!

Não se trata de algo simples, muito menos, claro. Muitas tentativas de parar são frustradas, e acabamos nos perdendo no meio do tumulto de nós mesmos. Mas não desista! Pense em quantos anos você viveu desconectado, e isso o dará uma noção de que há muito trabalho pela frente.

Se você tem mais dificuldades em parar, procure recursos que estão à nossa disposição, como os cursos de meditação, os exercícios de respiração da Yoga, as práticas contemplativas ou mesmo as visualizações terapêuticas. Mas independente da técnica, compreenda que a lógica é sempre tentar diminuir a intensidade do mundo exterior para começar a dar espaço para as manifestações de dentro.

Ouvir música pode ser um excelente hábito, ainda mais se forem as músicas clássicas, eruditas, que proporcionam uma certa organização do psiquismo. Permita-se momentos de contemplação da natureza, da arte, do belo, e logo você consolidará um canal de diálogo com o *Self*.

Isso não quer dizer uma vida de isolamento, de solidão. É a busca pelo espaço interior.

Permita-me ser um pouco mais direto. O que você faz quando termina um livro? Alguns anunciam nas redes sociais, outros querem dar aula para os familiares do conteúdo absorvido, e os mais ansiosos ou desejosos de disciplina já vão para o próximo. Mas para que mesmo lemos um livro? Qual o sentido daquele texto para você?

Os disciplinados em alguns momentos se confundem no exibicionismo, e o aplauso por ter feito algo ganha mais valor do que o sentido interior.

Não paramos para refletir, para sentir, para dialogar com ele e pensar o que ele nos trouxe de novo, o que nos fez pensar, o que nos abriu. É preciso parar para ir além. Mas o além aqui é para dentro. Ficar por alguns dias com aquela história ou com aqueles conceitos, deixar que eles nos toquem, que nos tragam novas reflexões, que o *Self* se pronuncie através deles.

Pode parecer perda de tempo, mas para mim perder tempo é fazer algo sem dar espaço para o eco interior. Ler para dizer que leu, ler para não se sentir inferior a quem leu, ler por simples deleite, sem que isso impacte o mundo interno é, no máximo, entretenimento. Mas o entretenimento só faz sentido para uma vida chata, superficial, vazia. Se estiver envolvido em suas reflexões, você não precisa de distrações – você vai querer aproveitar seu tempo. E por aproveitar o tempo não quer dizer não parar, não encontrar amigos, não se divertir e ter a agenda cheia de compromissos; quer dizer, ter a vida cheia de sentido, ou seja, as pessoas que encontro me são caras e me tocam a alma, os filmes que assisto têm um sentido mais profundo e me levam a pensar sobre a vida, as pessoas, o mundo que habito; os livros que leio me acrescentam o pensar, mais do que me distraem do meu lugar.

Entenda a diferença entre dar um *stop* nas banalidades, naquilo que não o acrescenta, na perda de tempo, para buscar as coisas que possam trazer sentido a sua vida, que o levem para o mais profundo, que o façam refletir e ir além do *ego*.

Talvez você tenha menos amigos, seja menos informado nas discussões, tenha menos o que falar nas rodas de conversas jogadas fora. Mas isso não fará falta, eu garanto! Só é carente dessas coisas externas aquele que está esvaziado de si mesmo, que não consegue ficar sozinho porque é chato até para si mesmo, que não vê sentido no que faz ou no que sente, que está perdido de si mesmo; e num ciclo vicioso tenta se nutrir do de fora, num movimento que não chega a lugar nenhum. Ou melhor, chega sim. Chega ao cansaço, ao esvaziamento, às compulsões, às drogas, ao álcool, para dar conta dessa vida sem sentido.

Pare! Abra caminhos de diálogo interior. Dê espaço para as manifestações do *Self*. Vá além!

Hora de parar

Não espere o *Self* adentrar a sala "metendo os pés na porta". Adiante-se a esse processo, pare, interiorize, ouça!

Tente organizar na sua rotina um momento de parada. Não precisa ser muito tempo. Precisa sim ser de qualidade.

Esse tempo pode ser ocupado de diferentes formas, desde que seja com seu mundo interior.

Aqui vão algumas sugestões:

– Anote seus sonhos, e, além de anotá-los, tente entender qual a mensagem que ele está passando. Os sonhos são para Jung a manifestação do inconsciente a céu aberto, mas precisam ser levados a sério. Na dificuldade de olhar para seus sonhos eu fiz um curso sobre isso, trazendo elementos da interpretação e de como fazer as pesquisas dos símbolos para compreender-se melhor a partir do mundo onírico.

– Desenhe! Coloque seus sentimentos, seus pensamentos, suas sensações ou intuições no papel. Você não deve ficar pensando o que fará, nem o resultado final. Apenas se dê ao trabalho de arrumar papel, lápis, giz de cera, tinta, o que tiver vontade, e faça. Ao final, você pode estabelecer um diálogo com o desenho, com perguntas como *"O que é isso?"*, *"O que meu mundo interno está querendo expressar?"*, e aos poucos vocês vão se entendendo melhor.

– Escreva! Mas não faça como os diários de crianças querendo descrever os fatos. É um diário do seu mundo interno, então, mais do que gastar tempo descrevendo fatos, escreva sobre como você se sente, sobre os seus *insights*, sobre suas percepções, intuições, desejos, medos. E além de escrever o que pensou inicialmente, permita-se escrever tudo o mais que vem à mente, num processo criativo que merecerá uma leitura e um diálogo ao final.

– Reflita sobre tudo que "consumir" trazendo para a sua vida e pensando como aquilo o toca e o que aquilo abre, para uma maior percepção e conhecimento de si mesmo. Seja uma série, um livro, um filme ou até a letra de uma música. Pare e estabeleça o diálogo interior. Se tiver alguém para compartilhar, melhor ainda, por exemplo, um grupo de leitura onde decidimos ler um livro e depois conversarmos sobre ele. Mas preste a atenção. Não é para gastar mais tempo falando dos personagens do que de nós mesmos, se não perdeu o sentido de caminho para o autodescobrimento.

– Vá às galerias de arte, museus, exposições – de preferência a sós. Digo sozinho para que você se dê o tempo que precisar frente ao que o toca. É preciso deixar ser chamado pelas obras, e com elas estabelecer um diálogo, como se você perguntasse o que aquilo fala sobre seu mundo interior. Quando estamos acompanhados, nem sempre esse modelo funciona. Mas independente disso, vá e viva o que for possível! Se não puder fazer com a regularidade que deseja, faça uso da internet. Atualmente há inúmeros museus e galerias abertos ao público online. Você pode eleger o que quer ver de modo mais fácil e rápido, e embora não se compare com a experiência física, pode ser uma boa alternativa para dar asas ao *Self* e deixar que ele dialogue contigo por meio da arte. Nos meus vídeos no YouTube "Psicólogo Marlon Reikdal" há um em especial chamado "A contemplação da arte como caminho de autodescobrimento". Mas para adiantar vou te explicar resumidamente. Ao contemplar uma tela, quando um determinado personagem, seu sofrimento, sua dor lhe chama a atenção e você atribui determinado sentido, nisso há mais de você e do seu mundo interno do que do personagem ou da situação em si. Entendemos que nessa ocasião, o *Self* poderá estar chamando a atenção do *ego* para um determinado sofrimento ou dor, ou algo que foi atribuído à obra, mas que fala da condição inconsciente. A música que mobiliza emoções traz à tona o que está dentro de nós, e por isso um tom pode fazer surgir uma lágrima, ou uma força. Não titubeie, pare e se ouça, provavelmente é o *Self* se comunicando, tentando mostrar algo que está escondido e que precisa ser visto.

SEGUNDA PARTE

A transformação

6
O engodo de "ser melhor"

Um dos aspectos mais delicados da viagem interior é a necessidade de abandonar o desejo de ser melhor. Em um primeiro momento isso soa muito estranho, quase contraditório, mas aos poucos as coisas começam a fazer sentido. O autodescobrimento é um caminho de desenvolvimento interior e de evolução, mas o desejo de ser melhor, na maioria das vezes, é um entrave e explicarei o porquê.

Ao estudar as religiões, os grandes psicólogos perceberam que o discurso de ser uma pessoa melhor é quase sempre uma forma de repressão. Há uma meta espiritual. Mas como há o desconhecimento do funcionamento psíquico, o que muitos líderes religiosos sabem fazer é apenas o caminho da repressão.

Não acreditamos que isso esteja no seio das religiões, mas especialmente na forma como as pessoas interpretam essas teorias.

O caminho simples é, se sinto algo, desejo algo ou sou algo inadequado, errado, mal, então devo me livrar disso, me esforçar para não ser ou ser o oposto disso que sou.

Esse raciocínio pode ter feito sentido para a Idade Média, para os racionalistas duros e secos, mas após Freud, com suas demonstrações do inconsciente, isso não faz mais sentido.

O que Freud conclui é que por querer tanto evoluir, não ter problemas, crescer e se desenvolver, o sujeito acaba reprimindo os conteúdos que conflitam com seus ideais. Não é uma proposta de transformação, e sim, de "limpeza", de "higiene", o que não faz o menor sentido ao se estudar o desenvolvimento da psique.

Do outro lado, temos o grupo que, por se incomodar com essas ideias, como se elas fossem levar as pessoas a se acomodarem, deixariam de querer ser algo melhor – o que também não é verdade, relacionado ao autodescobrimento.

De posse dos conceitos de *ego* e *Self* minimamente esclarecidos, podemos fazer uma distinção entre dois tipos de "desejo de ser melhor", ou dois sentidos diferentes: um interno e outro externo.

O *Self*, como o gerente da psique, o elemento divino no ser, sempre sinalizará quando devemos fazer mais, mudarmos algo, avançarmos. Não ouvir suas ordens é criar problemas futuros. Nesse sentido, se ater ao mundo interior jamais vai levar alguém ao estado de acomodação, justamente porque o *Self* sabe, mais do que ninguém, o que realmente está ao nosso alcance e o potencial que temos a ser desenvolvido.

Mas o *Self* não está comprometido com a aparência, nem com possíveis recompensas prometidas. Ele está comprometido com a verdade.

Disso rascunhamos um outro tipo de desejo de ser melhor – aquele que está ligado ao exterior. Muitas vezes esse discurso de desejo evolutivo vem do *ego* que está olhando só para fora, para atender expectativas, para ser bonito para alguém, ou mesmo para evitar críticas e condenações.

Quando o *ego* está nesse movimento exterior, de atender ao mundo externo, mais do que não ceder aos impulsos internos, diremos que ele está adoecido.

Faço questão dessa observação porque o problema não é o *ego* em si. Como disse, ele tem um papel fundamental no equilíbrio da psique, ouvindo e materializando as ordens do *Self*. Mas quando ele rompe com o senhor, quando tenta decidir por si próprio, porque seus olhos estão para fora, entendemos que ele está adoecido. Ou seja, não entendeu qual é seu papel, qual é seu lugar, qual é sua função.

O ponto delicado aqui é que quando o *ego* está adoecido ele tende a criar muitas justificativas, tentando se convencer de que está no caminho, provar que é belo, que evoluiu e que faz tudo certo.

Então, deixo essa dica: quando você se deparar com muitas certezas, com respostas prontas e argumentos para mostrar que você está no caminho, que está certo e que as suas são as melhores intenções, duvide de você mesmo e comece a abrir espaço para descobrir intenções escusas, interesses externos e camuflagens hábeis para evitar o verdadeiro descobrir-se.

Há mais intenções deturpadas no desejo de evolução do que supomos rapidamente, e mais problemas decorrentes disso do que imaginamos.

A maioria de nós, principalmente provindos de uma história familiar religiosa, queremos ser alguém melhor. Mas silenciosamente esse melhor está conectado com o egoísmo, com o orgulho, com a vaidade e com a arrogância, e pode ser perturbador descobrir isso.

Estudando nossas concepções morais, fica claro que, embora estejamos vivendo em pleno século XXI, nossas concepções morais ainda são baseadas na Idade Média. Moralmente agimos ainda pautados na culpa, no medo, nas imposições e nas punições, como se fôssemos incapazes de pensarmos por nós mesmos e concluirmos de forma madura a respeito de nossas responsabilidades e também das possibilidades.

A partir dessa maturidade arcaica, tosca, construímos o "método" de transformação a "golpes de machadada", como se pelas obrigações, pela força e pela disciplina pudéssemos reverter quadros comportamentais e sermos pessoas melhores.

É fato que as pessoas mudam comportamentos às custas de imposições e castrações. Mas se o comportamento decorre do mundo interno, como fazemos essa transformação de verdade?

Posso ser bonzinho porque sou interesseiro e quero ir para o céu, ou posso constranger e questionar, para trazer a verdade, como fez Jesus.

Gosto de usar o exemplo de Jesus, primeiro porque é uma figura histórica que oferece grandes considerações para a Psicologia, para a Filosofia e para a Sociologia (e precisa ser melhor compreendido tanto pelos religiosos que o adulteraram como pelos não religiosos que o desconhecem), segundo porque, baseado na má compreensão de seus ensinamentos, as pessoas fizeram dos discursos do Cristo elementos de castração e de aniquilamento do desejo e da verdade interiores. Jesus não foi bonzinho, nem querido para os demais. Ele falava da verdade, e isso constrangeu tanto as pessoas que terminou crucificado. Ele não fez nenhuma imposição comportamental, muito menos ofereceu regras prontas de conduta. Ele rompeu com o materialismo, dizendo que se você tiver os olhos no futuro você dará valor para outras coisas, e assim criticou veementemente todos aqueles que valorizavam a aparência mais do que a essência. Acolhia a todos, mas não dava espaço para os hipócritas, para os que queriam se fazer de certinhos, que cumpriam as obrigações por interesse. Acolheu todo o tipo de excluídos daquela sociedade, falou do valor do filho pródigo e desconstruiu as regras de aparência e os compromissos sociais sem sentido.

Seu discurso ainda se faz atual, e muitas psicologias reforçam aquilo que Ele havia trazido, embora não se detendo em seus ensinamentos.

Jung fala que Jesus é o representante do arquétipo central no homem ocidental. É como se, ao entendermos melhor Jesus, conseguíssemos compreender melhor o *Self*. Mas isso é um capítulo à parte, que necessita desconstruir todos os mecanismos de controle e poder das religiões, para ficar com o que Jesus realmente ofereceu à humanidade: a verdade, mostrando que há um preço a se pagar, todo aquele que a elege.

Muitas vezes desejamos ser alguém melhor para sermos bem-vistos ou porque não suportamos a crítica ou não aceitamos nos sentir inferiores. Temos um ideal de ser melhor, mas ainda é um "melhor do que o outro". Isso porque nossos olhos estão para fora; então, como a referência é externa, até o melhorar é mais em relação ao outro do que a nós mesmos.

Esse é o lado sombrio do discurso de evolução. Ele revela o quão interesseiros, egoístas, arrogantes ou infantis somos. Mais ainda, o quanto inseguro somos, nos impondo ser algo que não somos, pelo medo de não sermos amados e respeitados pelo que somos, de não termos um lugar na sociedade, de não termos relações.

Se a desconexão vem desse olhar predominantemente para fora, se a repressão se instala pela incapacidade de se suportar diferente do ideal, então alimentar esse discurso de "ser melhor" pode muitas vezes impedir que o indivíduo se aprofunde em si mesmo.

O que quero dizer por agora é: você vai ter que abandonar o desejo de ser alguém melhor. Se não fizer, não vai conseguir se aprofundar muito mais em si mesmo, e o nome disso em psicanálise é "resistência".

Esse desejo de ser melhor é contraproducente porque, ao desejar ser melhor, você se impede de olhar e assumir o que precisa ser reconhecido, tentando fazer do processo de autodescobrimento algo bonito, perfumado e colorido, que ele não é.

Eu sei que isso pode parecer estranho. Parece que alguém nos tirou o chão, ou que estamos indo contra tudo que aprendemos até aqui, como se estivéssemos cometendo um pecado, um crime. Mas você precisa acreditar e aos poucos vamos demonstrar isso. Até o final da obra eu acredito que você terá argumentos suficientes para eleger o autodescobrimento como método de evolução, sem ter como fundamento essa obrigação egoica de ser melhor.

Se você não olhar de fora, continuará andando em círculos, pois a expectativa de mudança empodera o *ego* lhe reforçando a ideia de centralidade, de importância e de autonomia. Mas é justamente esse lugar de controle que tem gerado os problemas.

Com a intensificação da sensação e desejo de controle do *ego*, da exigência de mudanças, ele se desconecta ainda mais do *Self*, do verdadeiro dono da situação ao qual ele deveria se submeter. E quanto maior for essa desconexão, mais intensos serão os sintomas, por consequência, maior será a culpa, a sensação de que precisa mudar, e daí o esforço de mudança externa na fantasia de que está se tornando alguém melhor. Esses novos sintomas darão ao *ego* a sensação que precisa ficar mais bonito e melhor, e isso intensifica a resistência em reconhecer o que há internamente, num movimento sem fim, vicioso, de gerar mais *sombras*, mais ocultamento, mais constrangimento por ser quem se é.

Por essa lógica é fácil entender por que os mais perfeccionistas são também os mais ansiosos, os mais rígidos ou intransigentes. Também ajuda entender por que muitos líderes religiosos são impositivos, duros, exigentes. E também esclarece por que aqueles que fizeram a viagem interior são leves, suaves, compreensivos, embora sempre firmes em relação às verdades.

Você vai aprender um outro caminho de transformação, que decorre do despertar da consciência de quem se é, do encontro com a verdade interior. Mas para chegar lá precisa ter coragem de abrir mão desse desejo imaturo, impositivo e imediatista de ser melhor.

Quem disse que tínhamos que ser assim ou assado? Será que um dia teremos clareza do quão prejudicial é esse discurso de adequação, de beleza, de melhoria? Será que as biografias de pessoas que realmente aceitaram quem são já não foram suficientes para nos mostrar do que realmente o ser humano é capaz quando está conectado às suas verdades?

Os religiosos que queriam ser iluminados fizeram cruzadas, inquisições e outras barbáries. Hitler, que queria tanta purificação, cometeu uma tragédia de âmbito mundial. Os homens que se acreditam corretos fazem a guerra e não é outro o discurso dos homens-bombas.

Por outro lado, temos Madre Teresa de Calcutá, Chico Xavier, Francisco de Assis, Irmã Dulce e tantos outros, feios, pequenos, imperfeitos! Reconheciam-se tão imperfeitos, que não se sentiam no direito de usufruir de tanto, e foram para o mundo compartilhar do que tinham com os menos favorecidos. Estas pessoas só fizeram grandes transformações no mundo porque estavam conscientes de sua pequenez.

Motivações

A pergunta da hora é: *"Por que você quer ser uma pessoa melhor?"*

Tente fazer um texto, reflexivo, com conteúdos vindo do fundo da sua alma. Deixe o inconsciente conduzir um tanto dessa reflexão, trazendo seus medos, suas inseguranças, para que você realmente compreenda alguns vetores internos.

Aproveite esse momento para fazer um retrospecto de como alguns desses discursos começaram a ser construídos em você, sem o eco interior.

Resgate os discursos familiares, do que é certo ou errado, do que é bonito ou feio, do que é adequado ou inadequado.

Pense também, de onde você vem? De uma família exigente, moralista, impositiva? Qual sua religião? Como são os discursos morais? Quais são as obrigações?

Depois do primeiro texto, respire fundo e continue com esse segundo:

E se você não for uma pessoa melhor, como manda o figurino, o que acontecerá? Qual o sentimento que vem? Qual o receio? Onde mora o perigo? Tente sentir o que vem... rejeição, exclusão, medo de solidão, de abandono?

Aí, por fim eu pergunto: qual o abandono que dói mais, aquele do mundo externo, hipócrita e aparente, ou o abandono que nós mesmos nos fazemos, para atender ao mundo externo?

Por fim, de posse de tudo isso, me responda: você está tentando ser uma pessoa melhor ou está atendendo a um discurso que predomina no mundo lá fora? Aprofunde em suas motivações, mas ao mesmo tempo realize que ao atender todas as exigências e imposições externas, se você estiver fora de si, ainda continuará se sentindo vazio, sem sentido, tentando preencher sua vida por outras vias – e aí, haja comida, vinho, doces, sexo, *likes* etc.

7

O método: aceite quem você é!

Vamos delinear aqui que há dois tipos de mudanças, ou dois tipos de direção para as mudanças que vivemos: uma mudança de fora pra dentro e outra de dentro para fora. Tenho que a primeira estabelece como método a castração, a imposição, a escolha arbitrária de ser algo, sem análise do mundo interno, sem bases sólidas, e por isso jamais se consolidará. Nesse sentido, sempre estamos tentando fazer algo mais, melhor, numa sensação interna de que nunca chega, nunca está realmente bom, sem perceber que não são as coisas em si, e sim a estrutura que é incapaz de preencher as necessidades da alma, da essência, do *Self*. A segunda estabelece como método o autodescobrimento, ou seja, é uma mudança que decorre da realidade interior, e que se dá na medida das possibilidades e das necessidades verdadeiras, por isso é de dentro para fora, ou seja, aquela em decorrência do conhecimento de si, do entendimento de quem somos e de como nos encontramos.

Essa mudança que decorre da aceitação de quem somos é praticamente uma novidade para muitos, embora não seja para a psicologia profunda, justamente porque temos olhos só para fora, sem conseguir entender os verdadeiros benefícios e transformações que o olhar para dentro pode proporcionar.

Primeiramente quero reforçar o quanto a não aceitação de si é desrespeitosa, gera maiores problemas e esvazia a vida interior. A cultura de ser melhor é tão forte em nossa sociedade que permeia nossas reflexões e está presente sem que tenhamos consciência dela. Ela gera um desgaste de energia por via das cobranças, das exigências, que consome a criatividade das pessoas, sua espontaneidade. Assumimos como se a vida fosse isso mesmo e nem imaginamos que há outras possibilidades.

Estamos acomodados ao trabalho sem graça, aguardando sempre as sextas-feiras e reclamando das segundas-feiras. O casamento tornou-se algo "comum" e por isso precisamos de coisas novas, intensificando a vida social ou as distrações porque não encontramos o prazer de estar juntos. Os filhos, quando os temos, são fonte de preocupação porque precisam eles também ser o que desejamos que sejam, bonitos, adequados, belos (para o mundo) e obviamente a relação tende a esvaziar e eles tendem a se afastar. A religião vira compromisso, obrigação, cumprimento de tabela, com leves sensações positivas dos pequenos toques que o discurso religioso às vezes alcança o *Self* – mas muito pouco perto de tudo que poderia ser.

Esse "ser melhor" muitas vezes é um artifício de manipulação das pessoas, e somos tão produto disso que não percebemos que vivemos um estado de esvaziamento que nos faz cair na rotina sem graça, na depreciação das relações, no desencantamento das coisas ao nosso redor, na crítica ácida aos do entorno, no alimento da aparência e na destruição de qualquer um que queira romper com esse estado de coisas.

O que quero evidenciar com tudo isso é que a aceitação de quem se é catalisa um processo de transformação e não de acomodação. Mais do que isso, a aceitação é o estabelecimento da ponte entre o consciente e o inconsciente, que inevitavelmente gera transformação. A aceitação o coloca em relação com sua humanidade, suas verdades. Independente se o mundo chame isso de feio ou bonito, é isso que dá perfume e colorido à vida. É isso que dá ânimo para acordar todos os dias e superar os desafios. Quando um casal tem espaço para viver suas verdades, o simples fato de estar juntos produz uma sensação de prazer e bem-estar, sem precisar de distrações a todo o momento. E quando a relação entre pais e filhos é permeada pelas verdades, as conversas vão até tarde, numa troca profunda, significativa, decorrente da sensação de sermos aceitos e compreendidos no lugar que estamos. Quando conseguimos ser quem somos no trabalho, somos mais criativos, soltos, claros, e por isso, produzimos mais, fazemos a diferença.

Mas fique atento. Não é porque queremos produzir, ou queremos que nosso marido fique ao nosso lado, ou nosso filho conte tudo da sua vida para parecer que temos intimidade. É a consequência natural da vivência da verdade.

A alimentação se organiza, o corpo se acalma, o humor transborda positividade e somos inclusive impelidos a compartilhar do que temos, porque independente do dinheiro nos sentimos preenchidos, ricos de nós mesmos, e fazemos a tal da caridade, naturalmente.

É um olhar respeitoso para o momento que está e uma busca pela verdade, mais do que pela aparência, descobrindo a beleza de viver a essência.

O desejo de querer mudar a qualquer custo demonstra falta de respeito para consigo mesmo, de consideração pela própria história, por tudo que viveu até aqui e pela realidade que se encontra. Mais do que isso, revela quão egocêntricos somos e quanto sem noção somos. Afinal, o que somos hoje é resultado de milhares de experiências, de vivências, de dores, sentimentos, construções. Não está sob o alcance do *ego*, que é uma rolha, mudar a maré e querer determinar o oceano.

A aceitação pressupõe olhar com respeito para quem somos. Conivência é deixar algo que estaria sob o nosso alcance.

Quem somos não está sob nossa escolha. Que difícil é aceitar isso!

O que cabe ao *ego* é estabelecer como aquilo que somos pode se manifestar no mundo.

Parece pouco, soa impotência. Mas é só com o reconhecimento da impotência do *ego* que todo o sistema começa a se abrir para uma transformação verdadeira. Isso é também necessário para lidar com o mundo lá fora. Quando estamos tentando ser o que não somos, os pares se transformam em competidores, e os que discordam ou pensam diferente viram inimigos.

Quando começamos a estar mais confortáveis em ser quem somos, o externo ganha outro tom. Um ótimo exemplo disso é o egoísmo ou a arrogância. Alguém nos diz: "*Nossa, que egoísta você é!*" Já não reagimos mais tentando provar que não somos, como se fosse uma obrigação não ser. Paramos para pensar. Muito provavelmente vamos constatar que sim, somos egoístas, como todas as pessoas que estão nesse barco. Uns mais, outros menos. Uns mais evidentes, outros mais camuflados, mas somos.

Isso não é o mesmo que afirmar "*Sim, sou egoísta*" como aqueles que dizem "*Se quiser é assim*", ou "*Você vai ter que me engolir*". É de uma outra esfera, não reativa, mais reflexiva, que não se justifica, mas se busca!

Quando há um diálogo interior, quando você se respeita, quando você compreende que aquela é uma verdade do atual momento, você vai olhar para ela com uma maior capacidade de análise. Não quer se livrar, por isso não vai se defender, nem responsabilizar o outro, muito menos se justificar e se impor ao outro, como se fosse algo bonito, adequado ou permanente. Não é! Não é o ideal! Não é o meu melhor! Mas isso é o que tem pra hoje.

Veja a diferença na situação que ocorre instantaneamente. O sujeito que não se vê egoísta logo salta, se defende, acusa, se debate. A pessoa que se conhece minimamente dirá: "*Sim, eu sei*", e por consequência de saber daquilo, e dos estragos que aquilo gera, logo diz: "*Me desculpe!*"

Não vai querer se impor ao outro, nem fingir que não é porque sabe o que vai na sua alma. Mas ao mesmo tempo, por já ter visto e refletido sobre o tema, também já teve oportunidades de perceber como esse egoísmo pode machucar os outros, pode afastar as relações, pode fazer alguém se sentir não importante ou desprezado. Então, quando alguém fala do egoísmo, é como se uma sirene de alerta fosse acionada, e o *ego*, que está ali mediando entre as demandas internas e externas, vai fazer algo para que aquela situação se acomode da melhor maneira.

Isso quer dizer: reconhecemos essa verdade; não há como querer mudar por completo sem se mascarar; sabemos que isso machuca os outros; queremos viver com aquela pessoa; então, "*Me desculpe! Eu sei que muitas vezes eu só penso em mim e acabo te desconsiderando*". Não há como saber tudo, nem ter resolução para tudo, portanto, caminhamos em direção ao outro. O *ego* que reconhece seu lugar identifica-se numa mediação, não numa batalha. "*Podemos conversar*"? "*Não queria ser assim, mas quando vejo, estou fazendo tudo de novo. Perdão!*" Ou, "*Você é importante para mim e não queria que misturasse as coisas. O que eu sou não tem a ver com o que você é e com o seu valor*". Ou ainda, de forma explícita "*Você é importante, eu te amo, mas ao mesmo tempo tem essa coisa aqui dentro que estou aprendendo a compreender e lidar*".

Se somos egoístas, somos! Não vamos conseguir mudar isso a toque de caixa. Muito provavelmente passaremos a vida toda com esse tema, em maiores ou menores manifestações, mas somos. E aqui tenha muito cuidado. Se em algum momento você parar de ver o seu egoísmo, há grandes chances de ele ter ido para o inconsciente, e agora estará atuando lá das profundezas, sem você perceber, porque você "quis ser melhor".

Estamos falando de aceitação. Aceitar que é, para logo querer mudar, não é aceitação.

A lógica da repressão e da resistência está fundada na expectativa de não ser algo, como se fosse possível se livrar disso. Então, se você se depara com algum conteúdo indesejado, você está se conhecendo. Mas se logo em seguida você quiser não ser isso, você fará uma nova repressão, e aquele conteúdo que acabou de aparecer será novamente reprimido, com mais requintes egoicos de mascaramento, dando a sensação que AGORA você realmente mudou. E aí eu preciso dizer: "*Para com essa palhaçada!*" Não é porque você não enxerga, que o conteúdo deixou de existir. O que você fez foi tirá-lo da ilha e jogar no oceano, crendo infantilmente que estava resolvendo um problema.

Esse "agora mudou" não tem fundamento nas psicologias profundas. Não há algo que você deixará de ser. A lógica que permeia as mudanças vem dos discursos religiosos que colocaram o "mau" como produto de uma instância externa: diabo, satã, o inimigo. Sendo assim, ele precisa ser eliminado. Mas se entendemos que isso que chamamos de mau é consequência da forma como as coisas estão estruturadas dentro de nós, não há como se livrar disso. Há apenas uma forma de organizar melhor essas coisas na mediação entre mundo interno e externo.

A não aceitação de quem somos gera novas repressões, e por não serem vistas pelo *ego* (porque a repressão é um movimento inconsciente), achamos que mudamos. Fazemos isso inúmeras vezes em relação ao mesmo conteúdo. Ele aparece, e reprimimos, chamando isso de reforma íntima, de transformação moral, sem entender aquilo que falamos da diferença entre comportamento e identidade.

Melhorias ou adulterações?

Hora de mais reflexões: tente perceber onde você realmente está tentando ser uma pessoa melhor e onde você está se adulterando?

Eu explico. Melhorar é dar uma ajeitada, talvez na forma de expressão, na intensidade com que traduz o mundo interno, justamente porque você reconhece que é e não pode mudar arbitrariamente. Adulterar é querer deixar de ser quem você é para ser algo "melhor".

Espero que esteja convencido do que esse "melhor" não é possível.

8
A transformação decorrente da aceitação

Estou tentando demonstrar o quanto a aceitação de si produz uma mudança na noção de quem sou, ou seja, a identidade se transforma pela tomada de consciência do estado atual.

Quando sabe que não é a centralidade, mas a rolha no oceano, começa a se exigir menos. O *ego* como pequenino começa a ter o bom-senso de que não está no controle de tudo, dos sentimentos, dos afetos. Por exemplo, pessoas se sentem mal por não amarem os filhos igual, ou porque se apaixonaram por alguém, ou porque não sentem mais por uma causa o que sentiam. Isso é um exigir menos de si mesmo, porque não é o dono da parada, é o porteiro.

O *ego* que começa a reconhecer que é uma rolhinha exige menos dos demais também. O reizinho que apertava o botão do elevador e queria que a porta se abrisse imediatamente, e que se irrita por ter que esperar, reconhece quão ridículo é por querer ser tratado como rei num mundo de pessoas normais – e o simples tomar consciência disso pode ser transformador.

O reconhecimento de quem somos nos torna menos raivosos, mais calmos, mais pacientes. Não porque tem que ser calmo, pois essa exigência de fora para dentro vai fazer apenas com que a raiva não expressa estoure o estômago ou o cérebro. Pela via do autodescobrimento o sujeito dilui aquela energia artificial de potência, de imposição, porque é obrigado a reconhecer seu verdadeiro lugar no mundo.

Até começa a se exaltar com o trânsito que lhe atrasa, mas ao perceber que não é o dono da pista, algo se acalma. Não diz mais que o fulano entrou na "sua frente" porque descobre que a pista não é dele, nem o espaço físico à frente do seu carro. Pode se atrasar, por não conseguir, pode inclusive ser criticado ou mandado embora, pois não é perfeito, não é o dono do mundo. É um ser humano normal como todos os outros, uma rolhinha num oceano!

O descobrimento de si faz com que o *ego* descubra que é um *ego*, e não um rei. Ou em outras palavras, que é um ser humano, e não um deus. Afinal, muito das nossas exigências em relação a nós é de como se fôssemos deuses, perfeitos, excelentes, e das exigências em relação aos outros como se fôssemos reis a serem atendidos.

Retomemos o exemplo do egoísmo para entender como o reconhecimento de quem somos modifica a forma como nos relacionamos.

Toda pessoa que se analisa com mais atenção, percebendo seu jeito de ser, consegue perceber os prejuízos dessa atitude nas suas relações, mesmo em relação às pessoas que amamos. Isso nos leva a dizer: "*Eu não tinha percebido, mas reconheço que sou assim. Machuquei você? Como? Posso reparar de alguma forma? Tem algo que eu possa fazer para minimizar este dano? Tem algo que esteja ao meu alcance para compensar esta minha atitude?*"

A aceitação de quem somos leva-nos a um movimento de reparação de modo suave, justamente porque sabemos que o outro não tem nada a ver com aquilo. É nosso, e por isso ninguém pode ser prejudicado ou pagar o preço por sermos quem somos.

No quadro oposto, se justifica, na tentativa de provar que não é. Quando não, surge o debate, querendo responsabilizar o outro, tirando a "culpa" das próprias costas.

Quando há consciência e aceitação de quem somos, o respeito pelo outro é despertado naturalmente. Se sou egoísta e não vou conseguir mudar isto de uma hora para outra, digo: "*Prometo que vou ficar mais atento para não repetir*", ou "*Posso me redimir de algum modo, ou talvez compensar estas minhas atitudes egoístas?*".

Quem sabe a gente, por reconhecer que é egoísta, na manhã seguinte, prepare um café especial com o pedido de desculpas ou com a declaração de amor. Mas veja bem! Não é para esquecer o que houve, apagar da memória ou tentar provar que é bom. É a forma de reconhecimento do que é, justo com o reconhecimento do amor, daquilo que também faz parte das nossas verdades. Não é para não ser egoísta, para tentar camuflar e se ver lindo quando em verdade não é. A intenção aqui é oferecer algo ao outro porque o amamos, porque é importante para nós, independente de quem sejamos internamente. Oferecer algo a ele porque sabemos que nosso jeito de ser lhe ofereceu algo indesejado, e por não merecer, agora oferecemos algo de especial que temos.

Quem sabe, por lembrar do quão egoísta essa pessoa é, ela decida todos os dias fazer o café da manhã, ou comprar presentes compartilhando do seu dinheiro. E se alguém olhar (de fora), ela parecerá uma pessoa abnegada, oposta ao egoísta. Então veja, vamos mudar de comportamento, não para deixar de ser egoísta, e sim, justamente porque reconhecemos o quão egoísta somos.

Consegue perceber a diferença? Parece sutil, mas não é, se prestar a atenção por dentro.

Só pede desculpas quem erra. Para pedir desculpas você não precisa ser humilde. Você precisa reconhecer que errou.

Sem o reconhecimento de quem você é, há um grande risco de manter um belo comportamento, mas com intenções puramente egoicas. Há pessoas que precisam pedir desculpas e "reparar" justamente porque não querem enxergar que erraram, que são imperfeitas. Essas são algumas daquelas pessoas que não conseguem dormir se não estiver tudo bem, se o outro não desculpar e dizer que ama. Mas veja bem, isso pode ser uma preocupação muito mais egoica, de aparência e exterioridade, do que de verdade e conexão.

Então, abstraia do comportamento em si. Ele não fala de quem você é, e observando somente as atitudes você pode se enganar gravemente como alertou Jesus no óbolo da viúva.

O ato não fala de quem somos. Mas ele pode nos ajudar a enxergar nossas intenções.

Recordo-me de uma pessoa que depois de muito tempo conseguiu reconhecer que ela "perdoava" as pessoas como uma forma de lhes humilhar, de dizer *"imagina, você nem me afetou"*, diminuindo o sujeito e colocando-se como superior. Contudo, isso foi identificado só à custa de muitas milhas de viagem interior.

É importante ressaltar que as intenções também podem ser, de alguma forma, camufladas, como se às vezes estivéssemos tentando provar para nós mesmos que somos melhores do que realmente somos. Mas esse é um capítulo mais complexo, e muitas vezes apenas um profissional consegue ajudar alguém a identificar esse nível de mascaramento.

Aceitar quem se é pode ser duro, doloroso, desestruturante por vezes, mas é um caminho de verdadeira transformação. No exemplo em questão não deixamos de ser egoístas. Somos um egoísta lidando com esse tema diariamente, esforçando-se para não machucar as pessoas por serem quem são, desculpando-se quando age, e tentando corrigir os estragos causados.

A pessoa ciumenta que não reconhece suas questões sempre vai tentar justificar seus sentimentos pelo comportamento do outro, pela roupa que o parceiro usa, pelas pessoas com quem se relaciona, sem reconhecer o que é seu. Quando aceita-se ciumento ou ciumenta, pode dialogar com o mundo interior, e também com o outro, de modo mais verdadeiro, legítimo e humano. "*Me desculpe! Quando você fala que vai encontrar esse amigo, me dá uma coisa aqui dentro porque meu sentimento é que ele é mais importante para você do que eu!*", ou em outro caso de ciúmes, "*Meu bem, eu sei que pode parecer estranho, mas quando você sai linda desse jeito, com essa roupa exuberante, minha sensação é que todos vão dar em cima de você, e logo você vai achar alguém mais interessante do que eu!*"

Pode ser que um verdadeiro ciumento, ao ler isso, diga "*Jamais!*" Então, fica a dica de que você deve procurar um profissional especializado. Caso você cogite essa possibilidade, vamos lá. O ciúme é uma questão do sujeito, não da relação. Se você estiver numa relação em que realmente não há confiança e nem um mínimo de respeito a ponto de precisar vigiar o outro, então, há outro problema maior: Por que você continua nessa relação onde não há espaço para você?

O ciumento, sem reconhecer que é, estraga a relação, afasta o parceiro ou parceira, fazendo o outro se sentir mal pelos seus problemas pessoais, e de fato, a relação termina. Chega ao fim, não porque era uma previsão verdadeira da pessoa ciumenta, mas porque não houve espaço para a verdade.

Indo além, quem sabe por essa via de valorização da verdade, o outro também consiga ir mais fundo e compartilhar outras verdades, e nos dirá *"Sim, meu amigo é importante, e gosto muito de estar com ele. Mas não se compare a ele. Você é infinitamente mais importante para mim. São relações diferentes e você tem um lugar especial aqui dentro que não pode ser ocupado por ninguém"*, ou no caso das roupas: *"Imagina! Você é tão importante para mim. Eu me visto assim justamente porque estou contigo e quero estar bonito para você, ao seu lado".*

A consciência do quão ciumento eu sou me torna mais acessível, mais afetivo, menos impositivo e menos "dono do outro" por reconhecer que o problema é meu e o outro não deve pagar pelo preço de eu ser quem sou.

Esse nível de transformação, de cuidado com o outro e de esforço para melhores relações decorre da consciência de quem somos. A transformação não é no nível do comportamento apenas. É interior, e isso reverbera em comportamento.

Quando me aceito e me reconheço, interajo com o outro com minhas verdades, transparente, acessível, sem defesas ou imposições que são características do *ego* que tenta se esconder.

Hoje vivemos como num palco com a expectativa de que os outros nos aplaudam, ou como se ocupássemos um trono no desejo de que os outros nos atendam como príncipes ou princesas. E também está tudo bem. Não é deficiência ou defeito, é processo de desenvolvimento. O fato de aceitar minhas imperfeições desfaz essa ilusão, e quando aceito, há possibilidade de aparecer o ser humano que pode se relacionar com o outro ser humano.

Vai pra dentro!

Em contato com o rejeitado

Se você foi realizando os exercícios propostos até aqui, a sua noção de "Quem sou eu" já se ampliou bastante. Contudo, agora é hora de começar a entrar mais nos elementos desagradáveis para quem quer ser o melhor (e nos agradáveis para quem quer ser a ovelha negra da família). É preciso ampliar aquela noção de quem sou eu, com aquilo que você tenta não ser, fica querendo mudar a golpes de machadada, num esforço imenso por "transformar" a verdade que você é.

Depois que listar tudo isso, tente se pôr frente a essas verdades e perceber onde elas atuam na sua vida. Você que fica tentando fugir do orgulho, da sexualidade, da inveja, do rancor. Você que fica fazendo voz de calmo ou bonzinho para esconder a fera ou o agressivo que existe interiormente. Você que finge de humilde para não parecer exibido. Você que dá tanto para não parecer sovina ou egocêntrico... Pare de lutar contra isso que o compõe e comece a refletir onde essas verdades atuam. Muitas vezes elas passam completamente despercebidas, porque seu esforço é de reprimi-las.

Agora, diminuindo as resistências e considerando que são elas que o proporcionarão grandes mudanças, tente enxergá-las mais de perto.

9
O que você faz com quem você é

Estou tentando convencê-lo de que você não pode simplesmente mudar quem você é. Você não teve escolhas em ser assim, então o que faz pensar que pode mudar esse estado de coisas? É muito egocentrismo!

Dizer que não podemos mudar aleatoriamente quem somos é uma verdadeira afronta ao *ego*, e por isso consideramos um passo muito difícil. Estamos falando de olhar para nossas imperfeições e reconhecer que fazem parte de nós, que não será possível grandes transformações sem pagar o preço do cultivo da aparência.

Enquanto não estiver confortável suficiente com sua imperfeição, com seu jeito de ser, não conseguirá refletir com mais atenção sobre ele para descobrir onde e como isso pode estar na vida.

Aqui estamos começando a abrir um novo tópico que é a busca por descobrir o que há por trás dos seus sintomas. Mas isso só será melhor trabalhado após o conceito de *sombra* psicológica.

Por ora, o que quero trazer é o esforço de manifestação civilizada de quem somos. Se não há como escolher o que somos, podemos escolher como o que somos se manifesta no mundo.

Veja bem, não é canalização positiva, como muitos têm discursado, tentando embelezar as *sombras*, se provar maravilhoso ou continuar alimentando a ideia de que somos lindos. Não somos lindos! Mas não precisamos ser primitivos!

Você não escolhe ser orgulhoso ou ser humilde. As coisas são o que são.

Francisco de Assis não decidiu que seria bom, nem Teresa de Calcutá definiu o como agiria para ser uma pessoa caridosa. Eles estavam apenas manifestando suas verdades, aquilo que eram e que a consciência trouxe à tona.

Também não está em seu poder não ser algo. Como falei, o máximo será a repressão, e quando o conteúdo está no inconsciente, ele se manifesta sem a percepção do *ego*. São aquelas pessoas que quiseram eliminar sua agressividade e se esforçaram por ser mansas. Não falam palavrão e são capazes de chamar todos de irmãos. Mas como essa foi uma eleição arbitrária, em algum momento, sem perceber, machucam as pessoas, humilham ou constrangem, mesmo com voz de mansos e pacíficos.

O intolerante, que não se reconhece como tal, ou se esforça para não ser, terá discursos politicamente corretos, do tipo *"Tudo bem. Cada um é cada um. Eu aceito que você pense diferente"*. Mas os que estão fora percebem claramente que é um ato de desprezo, de desconsideração, de soberba, que apenas o próprio sujeito não identifica.

É isso que quero dizer ao afirmar que se você acredita que pode escolher não ser algo, o máximo que você vai conseguir é reprimir-se, e isso vai aparecer nas relações, no corpo, nos transtornos. O *Self* nunca deixará passar ileso uma mentira dessas.

No outro extremo temos os sujeitos que querem ter a aparência de bem resolvidos, daqueles que se conhecem, e dizem que são agressivos mesmo, grosseiros, impositivos ou intolerantes. Alguém que se impõe aos demais, que manda os outros para o inferno, que humilha ou desrespeita, não é alguém que se conhece. É alguém que ainda não chegou no mínimo da civilidade, e quem sabe precisará sofrer um tanto para descobrir que somos seres sociais.

O pai que se declara autoritário e desrespeita os membros da família, o sujeito que é agressivo e oprime os que estão a sua volta são ainda os sujeitos primitivos que não desenvolveram um mínimo de civilidade. Talvez por isso Freud disse que a repressão estava a serviço da sociedade, afinal, fazer só o que temos vontade, completamente vendidos aos impulsos do inconsciente, seria a destruição da nossa sociedade. Daí veio o *ego*, como o porteiro, organizando as coisas e mediando os dois mundos.

Nada me dá o direito de tratar o outro de modo desrespeitoso, impositivo, agressivo, abusivo, ofensivo. Isso não é da dimensão do autodescobrimento. Isso é o básico para se viver em civilização.

Quanto mais comprometidos estamos com o conhecimento do mundo interno, mais nos responsabilizamos por quem somos, e por consequência, melhor conseguimos conviver.

E aqui é preciso entender a linha entre a civilização e a repressão. Embora seja sutil, é possível ter clareza dela quando entendemos o divisor das águas. O civilizado sabe dos seus impulsos, está consciente deles, e se esforça para que eles não atuem desgovernadamente, machucando os demais. O reprimido acredita que mudou, que não é, e por não ter consciência, atua inconscientemente, fazendo sem saber que faz.

Quando reconheço o que sou nesse momento, consigo estar mais atento a como isso se manifesta no mundo. O sujeito intolerante consegue sair de algumas discussões ou nem embarcar nelas, não porque é uma pessoa ótima, mas porque, sabendo que é intolerante, evita tocar nos pontos que são difíceis de controlar.

O impositivo, por saber que é assim, se prepara melhor para determinadas reuniões, e se mantém atento o tempo todo. Do contrário, quando não quer assumir que é impositivo, preparará a reunião, terá os caminhos prontos e saberá exatamente aonde quer chegar. Mas começará a reunião com perguntas, querendo dar a sensação às pessoas de que estava aberto à construção coletiva. Claro que os participantes não sentirão isso, mas na sua cabeça ele não foi impositivo, e ainda dirá: *"Eu dei a oportunidade de todos se manifestarem"*, ou os mais arrogantes *"Não é que sou impositivo, mas ninguém ofereceu uma ideia melhor que me convencesse"*. Sabendo-se impositivo e aceitando que é aberto a essa possibilidade, constantemente se deparará com o ato, como se alguém estivesse apontando: *"Ops, foi impositivo demais. Menos!"*, e assim é possível pedir desculpas, voltar atrás e tentar aceitar o diferente.

Esses exemplos são de pessoas egoístas, impositivas, agressivas, conscientes e civilizadas! Não é não ser, e sim, como manifestar no mundo o que sou!

Mas mesmo com essa segurada, o reconhecimento de quem somos nos auxilia a percebermos que alguns lugares são mais fáceis de cabermos do que outros.

Vejamos o caso de uma pessoa autoritária e questionadora. Ela provavelmente transitará melhor em lugares de comando. Se ficar tentando se colocar em lugares "menores", de submissão, sempre vai gerar conflito, questionar, dar mais trabalho ao diretor. Então, que assuma isso em si para procurar um lugar mais adequado às suas necessidades.

Muitos críticos, ressentidos, são aqueles que tinham o impulso de ir além, de fazer mais, e por algum motivo não fizeram.

É importante também atentar que às vezes estamos querendo um lugar maior, mais alto, mas a vida não colabora e nada acontece. Após muitas tentativas, acreditando-se merecedor de algo diferente, caso não consiga, minha sugestão seria para começar a pensar que talvez você tenha uma visão distorcida de si mesmo. Talvez você esteja querendo ser maior, mas sua natureza não seja. Pode ser que você desejou ser grande para atender expectativas externas, dos pais, dos amores, mas não seja seu lugar, e então, não adianta insistir. Mas se a ordem vier de dentro, não duvide!

Alguns temas geram um pouco mais de constrangimento, quando parece que algo não cabe onde estamos. Por exemplo, o desejo de traição. Não basta simplesmente trair, porque isso é sintoma de uma verdade mais profunda, que pode ser, de uma relação esfriada, ou de um sexo sem graça porque tenho medo do que o outro vai pensar se me soltar. Então, procuro a prostituta ou o prostituto e me permito aquilo que tenho medo de trazer para casa.

Isso também acontece com a pornografia, onde as pessoas se permitem sentir, pensar, viajar nas fantasias, que talvez gostariam de trazer para a vida, de alguma forma, mas por não fazerem, ficam dependentes daquilo.

Mais do que nunca, a viagem interior é uma necessidade. Entender o que realmente estamos buscando abre novas portas.

Semelhante situação pode estar na comida. Não necessariamente minha busca é por comer muito, mas pode ser por um preenchimento de mim mesmo, que precisa aparecer na vida. Mas certas pessoas não fazem, por receio de parecerem egoístas, ou porque terão que romper com algumas relações, e esvaziadas de si, comem. Ou comemos doces para compensar a vida amarga.

Não cabe dizer, em nenhum desses casos, eu sou isso ou aquilo. Estamos falando de sintomas, e precisaremos entender o que realmente há por trás deles, para que você consiga constatar o que precisa aparecer na vida.

Contudo, uma coisa é fato: enquanto você não consegue assumir que está descontrolado na comida, no sexo, ou qualquer outra área indesejada, não conseguirá analisar o que está por trás, tentando se livrar, inclusive dos sintomas.

Dando lugar para quem se é

Conseguindo-se perceber com mais detalhes, primeiro retome aqueles conteúdos aparentemente indesejados que foram surgindo até aqui.

Analise atentamente cada um deles, se perguntando qual o melhor lugar para ocuparem, que tipo de relações funcionam melhor, que tipo de situações eles têm utilidade.

Tudo no mundo tem um lugar e um tempo. Basta superar os preconceitos, enxergar as verdades silenciadas, e os caminhos se abrem.

Sabemos que não é tarefa para poucos minutos. Mesmo que leve dias. Fique com isso. Não tenha pressa de ir à frente!

Essa reflexão ajudará você a ir entendendo, mesmo que aos poucos, o seu lugar no mundo.

10
A crise da meia-idade: transformação

O trabalho clínico de Carl Gustav Jung como psiquiatra, diferente de Freud que era neurologista, intensificou as reflexões em torno daquilo que ficou conhecido como "crise de meia-idade". Jung percebeu que em um certo momento da vida o homem e a mulher começam a sinalizar um certo mal-estar que precisa ser interpretado como a necessidade de mudanças em direção às verdades interiores.

Refere-se ele às estatísticas que à época demonstravam que as depressões nos homens eram mais frequentes por volta dos quarenta anos e as mulheres começavam as dificuldades neuróticas um pouco mais cedo:

> Observamos que nessa fase – precisamente entre os trinta e cinco e os quarenta anos – prepara-se uma mudança muito importante, inicialmente modesta e despercebida; são os indícios indiretos de mudanças que parecem começar no inconsciente. Muitas vezes é como que uma espécie de mudança lenta de caráter da pessoa; outras ve-

zes os traços desaparecidos desde a infância que voltam à tona; às vezes também antigas inclinações e interesses habituais começam a diminuir e são substituídos por novos (JUNG, 2000, § 773).

Podemos dizer que atualmente alguns são convidados a essa mudança interior pelo aparecimento de sintomas como depressão e pânico, outros pelas doenças do coração, ou ainda muitos outros, pela estafa, pelo vazio, pelo desprazer que não pode mais ser disfarçado, de uma vida sem graça, que não vale a pena ser vivida.

Mas que coisa é essa de mudança de caráter, de traços desaparecidos ou infantis?

Vamos construir um esquema para explicar essa teoria.

Em primeira instância, independente de qual religião, filosofia ou escola psicológica você considere, cada dia mais tem sido difícil bancar a ideia de que ao nascer somos uma tábula rasa. Por diferentes teorias, com diferentes tentativas de explicação, o fato é que viemos ao mundo com algo que não sabemos direito explicar o que é ou de onde vem, mas que vem, vem! Alguns bebezinhos, com dias de vida, já dão mostra disso, exigentes, querendo ser atendidos na hora exata do seu desconforto, enquanto outros são capazes de permanecer um grande tempo sem se pronunciar. O temperamento é um ótimo exemplo porque um é diferente do outro. Há também evidências neuropsicológicas que tentam ser explicadas de muitas formas, mas quando temos os casos extremos nos rendemos e assumimos que há algo ali desconhecido: são os casos de altas habilidades, das crianças que com três anos de idade tocam piano como muitos adultos são incapazes de fazer, mesmo sem nunca terem tido aulas que justificassem aquela maestria, ou domínio de outras línguas que não há aprendizagem que justifique tal desenvoltura neuropsicológica.

Independente das justificativas ou explicações, partimos da premissa de que quando viemos ao mundo já há algo que nos permeia, que configura nosso mundo interno, como James Hillman simboliza na semente de carvalho, ou seja, naquilo que somos, que faz parte de nossa natureza e que não há como fugir.

É algo pronto, definitivo, fechado? Em absoluto. Somos um constante devir, de inúmeras possibilidades, numa construção constante e ininterrupta que se dá por meio de nossas interações e da forma como lemos o mundo, os outros e a nós mesmos. Mas até nessa forma de interpretar a vida, de valor que nos damos, há um tom que excede o aprendido, que marca aquele sujeito e que lhe torna único na forma de ser, desde muito pequeno.

Posto isso, temos então as demandas do mundo interno e do mundo externo, e como havíamos explicado, o *ego* está ali, se organizando para fazer essa mediação. A necessidade de pertencimento vai fazendo com que nosso olhar se volte quase que completamente para fora, num movimento, muitas vezes, de distanciamento da nossa realidade interior.

Esquema 1: A inserção do eu (*ego*) no mundo

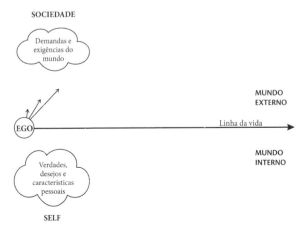

Vivemos numa sociedade de extrema valorização do mundo externo, somos cada vez mais levados a prestar atenção fora, nas demandas exteriores. Mas independente do momento atual, é natural que isso aconteça, pois faremos parte de um grupo, de uma profissão, de uma determinada sociedade, e não há problema algum em ir se adaptando a isso. Mas quando para essa adequação é preciso rejeitar o mundo interior, então teremos problemas.

Desde pequenos, estimulamos nossos filhos a se arrumarem quando vão sair de casa – a roupa, a letra, o cabelo, a postura. Se vier visita, temos que nos portar melhor, temos que organizar a casa, temos que mostrar ou esconder algo. Arriscamos dizer que até a preocupação de muitos pais com o estudo está ligada a aparência, por fazerem dos filhos vitrine de si mesmos, afinal, filhos exitosos "revelam" bons pais e filhos fracassados revelam a falha dos pais. Claro que isso não é verdade, mas isso está presente em muitos lares, inconscientemente.

Quando a criança chega com uma nota baixa, raros são os pais capazes de perguntar: "*O que houve?*", no sentido de compreender o sujeito. O seu "*o que houve?*" geralmente é no sentido de "*Como você não tirou uma nota melhor?*"

Algumas instituições, pais e professores valorizam mais o *score* do que o aprendizado, o comportamento bonzinho ou adequado do que a realização interior. Não perguntamos "*O que você gosta, ou como se sente?*" Desde pequenos já estamos questionando o que vão ser quando crescer, e em muitas famílias Deus nos livre se uma criança disser que quer ser músico, pintor, cabeleireiro, filósofo, psicólogo. Alguns viram motivo de piada, que vão morrer de fome, que precisarão "casar bem", entre tantas outras barbaridades que se fazem em nome da aparência que está fundamentada em dinheiro, *status*, etc.

E assim crescemos todos, olhando para fora e perguntando a nos mesmos "*O QUE EU TENHO QUE SER?*"

Essa é a pergunta básica da formação das *personas*.

Temos que ser a pessoa inteligente, culta, esperta, bonita, bem-sucedida, adequada, rica, magra. É certo que cada cultura valorizará mais alguns aspectos do que outros, do mesmo modo que temos expectativas diferentes para meninos e para meninas, e que cada família tem sua história, seus medos e seus preconceitos, mais do que outras.

Esses são alguns exemplos dos infinitos movimentos que fazemos com as crianças, desde muito pequenas, evidenciando que o mais importante é o pódio do mundo, como se houvesse espaço apenas para o primeiro lugar, para o perfeito, para o melhor, independente das verdades que nos compõem.

E vamos caminhando para cima, vertiginosamente, onde os que mais atendem as expectativas exteriores são mais aplaudidos. Mas não temos clareza de que esse para cima muitas vezes é um percurso para fora, distanciando das verdades pessoais, ou seja, negando quem somos para atender o que supomos que temos que ser.

Esquema 2: Formação das *personas*

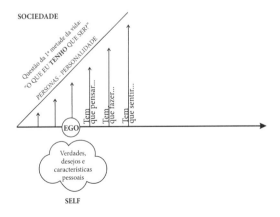

Alguns farão esse movimento para cima sem parada, seja porque foram exitosos de mais ou porque criaram grandes resistências ao contato interior, com artifícios cada vez mais elaborados de silenciamento da alma. Mas se espera que a maioria, após levantar esses voos, dirigindo-se às demandas externas, em algum momento de distanciamento de si, comece a viver um certo mal-estar que lhe sinalize que algo não vai bem.

Essa é a crise da meia-idade, ou, como gentilmente chama James Hollis, a passagem do meio![3] Por diferentes nomes, temos a mesma mensagem: o *Self* a dizer: "*É preciso voltar-se para dentro!*"

Assim, faz sentido a colocação de Jung de que traços infantis voltam ou antigos hábitos reaparecem, como se o mundo interno estivesse tentando se manifestar e relembrar quem somos, ou mesmo mostrar elementos novos, sábios, que por algum motivo não foram acolhidos ao longo do percurso.

Reforço que isso não quer dizer que temos uma identidade estanque e determinada a qual precisamos atender, como um ser pronto dentro de nós que deve vir para fora. Mas essa teoria pressupõe que alguns aspectos são verdades interiores que não podem ser negligenciadas, como se fossem aspectos estruturais do "quem sou eu".

É como se você pudesse preencher uma certa estrutura, com as cores que quiser, do modo como quiser, mas de certa forma restrito a uma estrutura. Isso que chamei de estrutura são algumas das nossas verdades que não podemos fugir.

Maslow, na obra sobre a teoria da motivação humana, diz: "*Aquilo que o homem pode ser, ele deve ser!*" Isso é uma colocação tão simples, mas ao mesmo tempo tão complexa de ser aplicada em nossas vidas.

---

3 Importante leitura para os interessados no tema: "A passagem do meio – da miséria ao significado da meia-idade", da editora Paulus, publicado em 1995.

Algumas crianças, desde pequenas, são ativas, faladeiras, verdadeiras líderes, enquanto outras são mais introvertidas, contemplativas, capazes de passar horas brincando sozinhas.

O esquema evidencia que cada passo de adaptação externa, se não for consciente, consequente da mediação, pode ser um passo de distanciamento interior.

O acúmulo desses distanciamentos produz a perda de sentido existencial, trazendo com ela algumas perguntas: Qual o sentido da vida? O que realmente importa? Aonde queremos chegar...?

Vivemos diferentes dilemas, mas com o mesmo pano de fundo. Alguns atenderam todas as expectativas, foram mais longe do que o esperado, e mesmo assim não sentem que chegaram onde precisavam realmente chegar. Outros fizeram de tudo para ser algo, mas nunca obtiveram o resultado esperado, e se frustram na impossibilidade de ser algo que nem mais acreditam que traria realização. Pelo não alcançar, ou pelo conseguir, qualquer um precisa parar e se perguntar onde está indo, para entender que tipo de mudança precisa viver!

Esquema 3: Crises existenciais

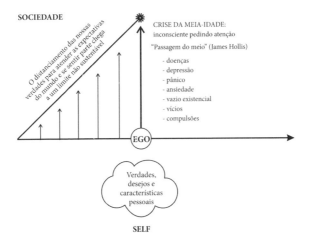

O pedido do *Self* não é de qualquer mudança, como quem atira sem direção, embora muitos façam isso. Alguns mudam de emprego, tentando aleatoriamente novas oportunidades. Outros arrumam uma relação extraconjugal, desejando se sentir mais valorizados, vivenciando os aspectos negados até então. Há quem acredite que precise investir no futuro e começa a aplicar na bolsa. Outros tentam se realizar nos filhos, daquilo que não tiveram coragem de ser ou fazer. Há quem acredite que o problema é a cidade e vão para a praia, enquanto outros mudam de país. Quem sabe o problema seja o corpo, então a estética oferece milagres: levantar os peitos, tirar a barriga, esticar a pele do rosto, implantar cabelo. Quem sabe o carro conversível possa preencher.

Obviamente que nessas tentativas alguns vão ao encontro das suas verdades. Mas a grande maioria, quando não partiu do direcionamento interior, tende a se frustrar ainda mais, como que se convencendo da "besteira" que fizeram, e tentam voltar arrependidos para a mesma sem-graça-segura vida que viviam.

Há mudanças que apenas nos ocupam, mantendo-nos distraídos com algo novo que parece aliviar a tensão interna, até que o mal-estar ressurja. E se nos mantivermos nessa dinâmica insistentemente, chega o dia em que o *Self* precisa arrombar a porta, gerando estragos irreparáveis como certas doenças degenerativas, falências e grandes rompimentos.

A grande questão é que a viagem para dentro não é tão simples assim!

Na maioria dos casos, fomos caminhando para fora porque acreditamos que aquilo que somos não é bom ou não é suficiente, nem bonito ou admirável.

Fazemos uma busca exterior, no desenvolvimento das *personas*, sem perceber que estávamos tentando esconder algumas verdades. Todo esse conteúdo negado, escondido, Jung denominou de *sombras*.

Para Jung, a *sombra* é tudo aquilo que não temos o desejo de ser.

Sendo assim, a viagem de volta para casa pressupõe um desafio maior do que o imaginado, pois passa também pelo encontro com inúmeros conteúdos considerados feios, inadequados, indesejáveis, que nos compõem e dos quais não podemos nos livrar.

Esquema 4: Ao encontro da *sombra*

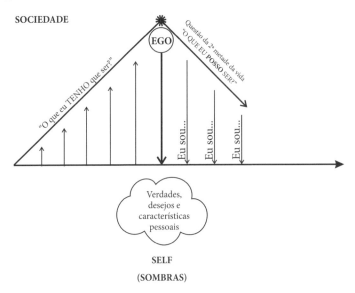

Vamos nos deter um pouco mais na questão das *personas* e das *sombras*. Mas por hora, quero evidenciar que a crise da meia-idade é uma espécie de chamado, de tentativa de reconciliação com quem somos, o encontro com nossas *sombras*, nos preenchendo do único material que realmente dá sustentação e sentido: nossas verdades.

Se a pergunta da primeira metade da vida era *"O que eu tenho que ser?"*, a segunda metade da vida traz outra questão: *"O que eu posso ser?"* Já não é mais uma questão de querer, e sim de realmente poder, de ter sustentação interna para ser.

Aquilo que o homem pode ser, ele deve ser.

Cada passo que o sujeito dá em direção ao Si-mesmo, às suas *sombras*, ao *Self*, às suas verdades, é um passo no processo de individuação.

Falamos em processo, pois isso não tem fim. É um caminhar em direção ao infinito, porque não somos prontos e acabados, para que se encontre um final, mas a direção está posta. É pra dentro!

Terminamos este capítulo com uma outra frase de Jung que explica que está tudo bem. Esse é o processo, esse é o tempo!

> O homem que envelhece deveria saber que sua vida não está em ascensão nem em expansão, mas um processo interior inexorável produz uma contração da vida. Para o jovem constitui quase um pecado ou, pelo menos, um perigo ocupar-se demasiado consigo próprio, mas para o homem que envelhece é um dever e uma necessidade dedicar atenção séria ao seu próprio si-mesmo. Depois de haver esbanjado luz e calor sobre o mundo, o Sol recolhe os seus raios para iluminar-se a si mesmo (JUNG, 2000, § 785).

Para quem deseja se aprofundar nessas reflexões quero sugerir a obra de James Hollis. Ele prefere chamar essa "crise" de "passagem do meio" e apresenta essa teoria em livro de mesmo nome, em detalhes, com as mudanças na vida profissional, relacional e interior, de uma forma brilhante.

Até os dias de hoje foi o livro que mais mexeu comigo e que mais me fez pensar. Obviamente que está conectado com meu momento de vida, mas sem dúvida alguma mexerá contigo também. Permita-se!

Esquema 5: Em busca de si mesmo

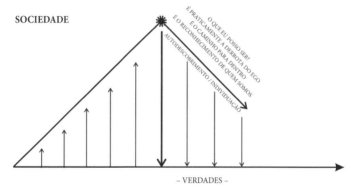

Onde está a sua crise?

Como ainda teremos alguns textos para discutir especificamente as *personas* e as *sombras*, deixaremos os exercícios desses temas para o final dessas partes específicas. Por hora, nossa reflexão gira em torno da crise de meia-idade.

Você que já passou por essa fase, ou que está passando, consegue identificar quais são os sintomas que seu mundo interior lhe trouxe para sinalizar a necessidade de mudanças? Você consegue interpretá-los? Está tentando compreender qual é o chamado, ou ainda está brigando com eles, tentando achar um médico para "resolver" o seu problema?

Certamente que isso não é nenhuma objeção ao trabalho da medicina, que é uma verdadeira bênção em nossa vida, aliviando sintomas e auxiliando a lidarmos com doenças. Porém, o convite da psicologia é para pensar qual o sentido da doença, e quem começou com essa história toda foi justamente um médico, o Dr. Freud. Discutiremos isso mais à frente.

Por hora, se puder, escreva: Quais são suas "crises" e o que você tem feito com elas. Isso o ajudará a perceber com mais atenção seu conflito entre demandas externas e internas.

Quantos anos você tem?

Se você tem menos de 35 anos (nem há por que ser tão preciso nos números) você também tem direito de estar vivendo uma crise... Fato é que, com a intensificação das demandas externas do "ter que ser", os jovens têm se abandonado com mais intensidade e com mais agilidade, e não deve ser por outro motivo que as crises têm acontecido cada vez mais cedo. A crise descrita por Jung não é uma mera questão de idade, e sim de distanciamento das verdades.

Acredito que pelo mesmo fator o suicídio tem sido mais presente entre os jovens, que logo cedo perdem o sentido de vida, mesmo que estejam externamente incluídos e adaptados, tamanho o desarranjo interno.

As crises de automutilação falam de sujeitos vazios, de dores indescritíveis que precisam ser materializadas, de compensações físicas ou da tentativa de se sentirem vivos. Pois aqui está o caminho! Não há nada mais potente para fazer alguém se sentir vivo do que o encontro e a vivência das suas verdades.

TERCEIRA PARTE

Conceitos e aplicações

11
As *personas*

Após a apresentação do esquema, vamos nos deter em dois conceitos que são fonte de inúmeras dúvidas, e que ao serem bem compreendidos são chaves para muitas respostas e direcionamentos pessoais: *personas* e *sombras*.

Além dos textos de Jung que citaremos, existem outras importantes obras do meio junguiano que merecem relevo: *A busca do símbolo*, de Edward Whitmont; *Jung: o mapa da alma*, de Murray Stein; e *Ao encontro da sombra*, composta por vários importantes autores da psicologia analítica analisando a questão das *sombras* em diferentes contextos – individual, familiar, social, político, religioso. As duas primeiras nos dão acesso aos chamados conceitos básicos como *ego, persona, sombra, anima, animus, Self*, energia psíquica, individuação, de modo que podem ser aproveitados pelo leigo ou profundamente estudados pelos *experts*.

Nessa busca por compreender quem somos e quem podemos ser é importante lembrar que antes mesmo de chegarmos ao mundo já somos antecedidos por desejos e expectativas que nos influenciam sem que tenhamos consciência disso. O desejo de um menino ou uma menina já vem carregado de ideias de como se comporta um homem ou uma mulher. Somos atravessados por expectativas familiares, sociais, culturais de um modo intenso na primeira metade da vida, alimentando ideias que não necessariamente estão em conformidade com a realidade interior.

Como seres gregários que somos, temos o desejo de fazer parte, sermos aceitos, vistos, de termos um lugar no mundo e na vida das pessoas. Essa necessidade tende a se intensificar com o passar dos anos, e não é por outro motivo que muitos sujeitos vão perdendo a espontaneidade e o colorido da infância. Para ser aceito, em qualquer relação ou instituição, criamos listas quase que intermináveis de obrigações, de como devemos ser. Claro que essas expectativas não vieram do além. Todos nós, ao mesmo tempo que tentamos atendê-las, também as alimentamos, intensificamos, sofisticamos esse processo de sermos bons o suficiente, nos tornando mais sérios, mais comportados, menos agitados, mais responsáveis, menos espontâneos, num refinamento semelhante ao que fazemos com o trigo, o açúcar, o sal.

O refinado é uma gracinha, branquinho, bem bonitinho em comparação com o integral. O arroz integral parece sujo, sem forma exata, assim como a rapadura ou mesmo o açúcar mascavo. Mas em termos nutritivo e de prejuízos para a saúde, é inegável: os refinados são praticamente um veneno para o ser humano e destituídos de valor nutritivo em relação aos produtos integrais.

Adoro essa comparação para pensar a nossa sociedade e as nossas relações. Ao investir no refinamento corremos o risco de perder em valor e nutrição. Ao valorizar o essencial, perdemos em aparência e refinamento.

As *personas* são as consequências do atendimento às listas imaginárias, de expectativas, adequações, refinamentos, que ao final castram nosso valor, nossa integralidade, nossas verdades, como se fôssemos nos vendendo a cada ano, a cada fase, a cada relação ou nova instituição.

A *persona*, no fundo, nada tem de real, diz Jung. Ela é praticamente um compromisso entre o indivíduo e a sociedade acerca daquilo que alguém parece ser: nome, título, ocupação, isso ou aquilo. Embora nossa sociedade seja regida por isso, em relação à individualidade essencial de quem somos, as *personas* são secundárias, uma vez que resultam de um compromisso no qual outro pode ter uma cota maior do que a do indivíduo em questão (JUNG, 2014, § 246).

Como somos produto disso e a isso nos adaptamos, não poupamos os novos que estão chegando, chamando esse direcionamento de educação: "*Agora que você não é mais um bebê...*", "*Agora que você vai para a escola...*", "*Agora que você tem seu quarto...*", "*Agora que você está namorando...*", "*Agora que você está na faculdade...*", "*Agora que você tem seu dinheiro...*", "*Agora que você tem filhos...*", "*Agora que você foi promovido...*", "*Agora...*"

Para atender essas expectativas, tudo que não se ajusta ao ideal precisa ser negligenciado, reprimido ou negado, para que o sujeito supostamente seja uma pessoa melhor.

Carl Jung afirma: "*Isso constitui uma forma de autoeducação que não deixa de ser, porém, demasiado arbitrária, violenta. Em benefício de uma imagem ideal, à qual o indivíduo aspira moldar-se, sacrifica-se muito da sua humanidade*" (JUNG, 2014, § 244).

Embora os grandes autores da educação falem de um processo de extrair, de pôr para fora, o que vemos na prática é um processo de imposição de normas. Quanto mais adaptado ao sistema, mais educado o sujeito parece ser. Inclusive a forma como se mede a inteligência, por muito tempo foi assim, até surgirem as teorias da inteligência emocional ou das inteligências múltiplas.

Chamamos de educação a assimilação das regras e a submissão do indivíduo ao que lhe é esperado.

Isso não quer dizer que o caminho proposto pela psicologia do autodescobrimento valide a "liberdade" de ser quem se é, como se o mundo tivesse que se adaptar a isso. A proposição de olhar para dentro produz um encontro entre o que eu tenho a oferecer para o mundo, e o que o mundo me pede em determinadas situações. Cabe, em muitos momentos, uma adaptação a determinados contextos, mas sem que isso prejudique a noção de quem eu sou. É como se isso abrisse possibilidade para um diálogo, com mais consciência, ao invés das repressões, castrações e imposições que muitas vezes inconscientemente fazemos.

Educação ou castração? Vida ou morte?

Pode ser que a maioria de nós não tenha a noção do que quer dizer "sacrifica-se muito da nossa humanidade" porque nem temos outra referência de vida. É isso... Temos a humanidade sacrificada e sequer sabemos o quanto isso nos faz falta. Fomos educados assim e achamos que deu certo, afinal estamos aqui. Mas se pudéssemos olhar para nossas misérias interiores, para os estragos que isso causou no desenvolvimento psíquico e o quão aquém estamos de tudo que poderíamos ser, começaríamos a buscar outras formas de educação.

Essa vida mais ou menos, sem grandes alegrias, conquistas ou desafios, como também sem grandes dores ou frustrações, é a realidade de muitos. Outros parecem completamente realizados, por serem o perfil exato daquilo que é valorizado hoje em dia; mas sem perceber, a grande maioria está morta interiormente, e o mais bem-sucedido, também vive seus momentos escusos, de crises ou de vícios, numa tentativa de libertação interior.

Quando vemos ícones da humanidade como Martin Luther King Jr., Nelson Mandela ou outros desse porte, somos obrigados a reconhecer que nossa vida é medíocre, no pior sentido da palavra, que nossas relações são superficiais e que somos praticamente zumbis que comem, dormem, buscam prazeres sensoriais e esperam a aposentadoria ou a hora da morte.

Somos da mesma substância daqueles caras que fizeram a história, que mudaram os rumos, que marcaram a humanidade. Fazemos parte da mesma sociedade, mas por algum motivo aquelas pessoas conseguiram não vender sua humanidade, não se apartar das suas verdades, não serem "refinadas" pela sociedade. E pagaram o preço de ser quem são, muitas vezes com a vida, como é o caso de Gandhi.

Isso é uma verdadeira encruzilhada: ser refinado e vazio ou integral e nutritivo para si e para os que estão a sua volta; não correr o risco de críticas, exclusão, rejeição e problemas exteriores, e por consequência uma vida esvaziada e sem graça; ou uma vida cheia de sentidos, de verdades e ao mesmo tempo de conflitos, incompreensões e distanciamentos. Sim, parece extremo, mas tem um tom de verdade. Afinal, quem estiver disposto a ser verdadeiro e coerente numa sociedade hipócrita e de supervalorização do externo como a que alimentamos, no mínimo, será criticado.

E aqui fazemos parênteses para os rebeldes, os grosseiros e aqueles que têm o prazer de chocar só para tentar provar que não estão aí para o mundo. Não se utilizem desse texto para justificar seus comportamentos! Não é de rebeldia que estamos falando porque essa rebeldia também é a tentativa de se fazer visto, mas às avessas. A *persona* da "ovelha negra" também está aprisionada à sua família, mas em oposição, ou seja, é obrigada a fazer exatamente o oposto, e por isso está também desconectada da sua vida, em função do externo, mascarada, onde só o negro cabe e não outras cores.

Cada fase vem carregada de um mar de expectativas, de exigências que ninguém sabe dizer direito de onde vieram e por que nós a atendemos. Quem disse que homem não pode ter trejeitos e que mulher tem que ser sensível? Quem disse que todos têm que se casar, ter filhos, um trabalho estável? Por que dizer "não" é tão difícil como dizer "eu te amo"? Que segurança é essa e por que valorizamos essas coisas? Aceitação? Respeito da plateia? Admiração dos *voyeristas*? Bajulação dos pigmeus morais?

Será que ainda não percebemos que os aplausos provindos de uma sociedade superficial, hipócrita e exterior são as palmas do nosso funeral?

Qual é o nível
do seu refinamento?

Para refletir o nível do seu refinamento, quero propor que faça uma lista dos "tem que" que você ouviu ao longo da sua vida.

Deixe vir à mente as frases mais marcantes da sua infância, da adolescência, ou mesmo dos relacionamentos mais recentes, envolvendo todas as pessoas que de alguma forma você deu voz a elas.

Por vezes, não são frases claras. São olhares, expressões, reações tardias que no fundo deixam muito claro o que era esperado.

Novamente o convido a não fazer isso como uma tarefa, mas deixar as coisas virem, mesmo que leve alguns dias, dando espaço para seu mundo interior se comunicar e resgatar marcas que estão escondidas lá dentro, mas que precisam ser trazidas à tona para serem banhadas e cicatrizadas pelo sol da consciência.

12
O problema das *personas*

Não é um problema ter *personas*. Elas são absolutamente necessárias para a vida em sociedade. Seria impossível conviver na coletividade se cada um fizesse apenas o que quer, no momento que quer. Qualquer relação se inviabiliza se falarmos tudo que pensamos, do jeito que pensamos. Por isso disse que os desenfreados precisam primeiro se tornar civilizados para depois ter coragem de se conhecer melhor.

Stein afirma que "*a persona faz com que a interação social casual transcorra mais fácil, mais solta, e atenua os pontos mais ásperos que poderiam, em outras circunstâncias, causar constrangimento ou dificuldades sociais*" (STEIN, 2006, p. 101).

A *persona* tem um papel muito importante que é dar esse verniz para tornar a vida em sociedade possível. Mas quando esse verniz esconde a cor da madeira, quando ele mostra algo que não é verdade, perdeu sua função.

A *persona* no seu devido lugar favorece o cumprimento de algumas responsabilidades e nos dá um direcionamento importante, por exemplo, os pais são pais, e não amigos. Se os filhos ganharem esse amigo, perdem o pai ou a mãe. Essa *persona* nos ajuda a entender que aquele é um lugar de orientação ou suporte e não cabe ficar falando para os filhos dos nossos problemas conjugais. Assim como o psicólogo precisa saber que não está ali para uma conversa qualquer, para falar da sua vida. Talvez ali passe a imagem de que está tudo bem, mas não porque ele não pode estar mal, e sim, porque ali não é o momento de expressar isso. Mas quando o psicólogo acredita que não pode ter problemas, que precisa ser perfeito, sem dúvidas ou conflitos, os problemas começam. Se ele, fora do consultório, não conseguir se despir daquela *persona* e ficar analisando os amigos num encontro qualquer, teremos novos problemas. Essas são questões para esclarecer que as *personas*, quando são vividas sem a interferência na nossa identidade, são muito importantes.

Vejamos que há questões mais complexas por detrás disso tudo. O primeiro grande problema decorre de qual é o sentido da *persona*. Ela surge para favorecer as relações ou para esconder a realidade? Para tentar fingir algo que não é, assegurar uma imagem, salvaguardar uma possível honra, a posição, o *status*? Se a resposta for sim, temos um problema!

E neste capítulo precisamos ficar muito atentos. O *ego* ardiloso cria inúmeros argumentos para tentar camuflar o indesejado. Então a mãe dirá que não grita ou briga porque está preocupada com a harmonia do lar, quando pode ser que sua real intenção seja evitar os comportamentos que lhe fazem parecer com sua mãe. O jovem religioso que não bebe para não desrespeitar os pais pode estar escondendo o medo de ser rejeitado por se distanciar do que eles esperam de si. O pai rígido, impositivo, que não fala das loucuras cometidas na própria juventude, discursa que quer educar bem os filhos, mas pode ser que esteja apenas justificando aquilo que o envergonha.

Essas justificativas são danadas porque o sujeito acredita que realmente está fazendo algo pensando no outro. Mas é um suposto pensar no outro para que ele pense em mim, ou pense bem de mim – seja esse outro o meu próximo ou a sociedade. Isso é semelhante aos que dizem que amam mais o outro do que a si mesmos, que são queridos, afetivos, atenciosos, indulgentes e compreensivos com os demais e são carrascos consigo mesmos. Não creia nisso! Só oferecemos aos outros o que temos. O que na maioria das vezes essas pessoas estão fazendo é tentar se promover e ganhar um lugar especial ou se sentirem amadas, por uma relação tabelada, usando do outro para que ele me faça sentir como eu sou incapaz de me fazer.

O segundo problema das *personas* ocorre quando não conseguimos diferenciar a *persona* de quem realmente somos. Quando não temos consciência de que estamos usando uma *persona*, acreditamos que já nos transformamos, que somos melhores e isso gera um número sem fim de perturbações (para os que estão no entorno).

O indivíduo que acredita que se modificou é mais exigente com os outros, querendo que façam o que ele fez. Tende a ser impositivo, mesmo que com voz mansa, naqueles discursos castradores de melhora. É alguém que por ter se matado deseja que todos os outros morram junto.

Ao sermos desrespeitados por alguém teremos um sentimento ou uma sensação que não será refinada. Então, podemos expressar sem qualquer cuidado, expondo o que estamos sentindo, ou reconhecermos isso e pensarmos como será a melhor forma de expressar a nossa verdade. Eu gosto da ideia de que isso é o açúcar mascavo. Não tão bruto, nem tão refinado. Uma medida boa de refinamento que não faz perder importantes propriedades, ou seja, não adultera a realidade interior.

Estamos ofendidos? Como expressar isso sem culpar o outro, sem responsabilizá-lo ou puni-lo por isso? E ao mesmo tempo, como expressar, tendo em vista que não podemos passar por cima de nossos sentimentos?

A fantasia de que é possível se transformar de fora para dentro, impondo comportamentos de forma arbitrária e acreditando que se está melhorando, faz com que o sujeito não consiga diferenciar o comportamento e a identidade. Ou seja, por agir de determinada forma, acreditar que se transformou em determinada pessoa.

"A construção de uma persona *coletivamente adequada significa uma considerável concessão ao mundo exterior, um verdadeiro autossacrifício, que força o eu a identificar-se com a* persona. *Isto leva certas pessoas a acreditarem que são o que imaginam ser"* (JUNG, 2014, § 306).

Então, para não ser "inferior" ele tem que perdoar, e joga para o inconsciente suas mágoas e ressentimentos, acreditando que eles não existam.

O *ego* identificado com a *persona* vive uma orientação completamente externa, cego e surdo para o mundo interior. Dessa forma, escondemo-nos de nós mesmos. Não é como o sujeito que sente raiva, sabe que está com raiva e tenta dar uma segurada para não explodir. Não. Ele reprimiu. Ou seja, ele tem certeza de que não está com raiva.

Por óbvio, como o inconsciente não se silencia a essa castração, a mesma pessoa que "não sente raiva" vai encontrar um jeitinho bem-querido de ferrar com o outro, de "mostrar a verdade", ou falará mal dele para os demais num discurso de querer ajudar, em infinitas formas de se vingar, sem que ela mesmo perceba que está fazendo isso.

Escondemos o que somos dos outros; mas, em especial, de nós mesmos. Estamos inconscientes da própria *persona*, acobertados pelas máscaras do adulto responsável, do religioso equilibrado, do homem educado, do ser ponderado, e fazemos o mundo "pra inglês ver".

O homem, por ser homem, tem um direcionamento na sociedade. Mas quando a *persona* de homem está aferrada a sua face e ele se submete a todas as suas imposições, no dia que tiver necessidade de chorar, não conseguirá. Ele está inconsciente da sua *persona* e acredita que não pode ser qualquer coisa que lhe afaste das suas verdades. O problema não é a *persona* em si, mas a rigidez e o inconsciente com o qual vivemos, nos impedindo de um olhar mais atento, coerente e verdadeiro para nós mesmos e para todas as verdades que não vão ao encontro das *personas*, mas que nem por isso deixam de existir.

Murray Stein diz: *"A vida é muito mais do que abrirmos caminhos no mundo equipados com um* ego *e uma* persona *sólidos e bem-estruturados"* (STEIN, 2006, p. 158).

A vida é muito mais do que um palco ou uma passarela em busca de aplausos e uma avaliação positiva dos jurados. É a possibilidade de encontro, de materialização das nossas potencialidades, de plenificação pessoal, onde a nossa realização influencia diretamente na construção de um mundo melhor. Isso se dá não porque queríamos ser bonitos, valorizados ou aclamados, e sim porque vivemos a verdade!

Acima de todos os exemplos, temos Jesus, que conduziu a vida de uma forma nada bonita para aquela sociedade. Foi tido como louco, lunático, depravado, assim como Sócrates, e todos aqueles que libertam são vistos como corruptores. Mas como exemplos de comunhão com a verdade, independente dos valores da época, marcaram a história da humanidade.

Quais são suas personas?

Vamos fazer aqui um esquema mais detalhado, que o ajudará a aprofundar no entendimento das suas *personas*. O primeiro exercício de *personas* trouxe à tona as dores, as castrações. Mas depois que aprendemos a viver com elas, vamos fazendo de próprio punho muitas outras, que talvez exijam mais atenção para serem percebidas.

Por isso, quero sugerir fazer um esquema com todos os teus principais papéis sociais: por exemplo, mulher, filha mais velha, mãe, esposa, psicóloga, madrinha, fiel, evangelizadora, presidente da ONG. Inclua também a sua atual faixa etária para se perguntar o que é esperado de uma pessoa dessa idade, no lugar que você ocupa.

Agora, para cada um desses papéis, tente descrever o que é esperado. Não pense muito, não queira ser "certinho" agora. Apenas vá colocando no papel o que, para você, parece que é esperado em cada uma dessas situações. Pode ser que alguns papéis tenham cinco ou dez exigências, enquanto outros, um pouco menos. Não importa.

Quais são as exigências para uma mulher? Quais são as expectativas de ser a filha mais velha? Etc.

Se você quiser aprofundar um tanto mais, após descrever todos os itens, vá se atendo em um por um e se perguntando como você viveu isso, classificando da seguinte forma e abrindo para novas perguntas:

– Adequou-se? Quais foram as consequências disso?

– Opôs-se? Qual foram as consequências disso?

– Esforçou-se para ser, mas não conseguiu? Quais foram as consequências?

– Esforçou-se para não ser, mas não conseguiu? Quais foram as consequências?

13
As *sombras*

O estudo da *persona* antecede ao da *sombra* porque, na medida em que fazemos aquelas escolhas, os seus opostos vão para o inconsciente. Toda eleição exterior trará um "dano" interior porque sempre, ao se impor ser algo, há que se esconder o oposto, e todos esses elementos escondidos para Jung são a nossa *sombra*.

Toda identificação com alguma coisa tem como consequência um afastamento ou desidentificação com o outro lado. Sendo assim, o introvertido traz a extroversão no inconsciente, do mesmo modo que o racional leva o sentimento na mala desconhecida em suas próprias costas.

Vimos que as *personas* vão se configurando a partir de exigências e expectativas que acreditamos serem pré-requisitos para sermos aceitos, valorizados, amados. Contudo, essas exigências só têm espaço no nosso ser porque de alguma forma elas vão ao encontro de nossas fantasias de que algo é melhor ou nos dará mais positivo resultado.

Os pais oferecem inúmeras referências. Algumas nos tocam e outras não. Certas experiências nos machucam, enquanto outras não deixam qualquer marca psicológica. Esses são nossos complexos, mas ouso dizer que por trás deles também estão aqueles estandartes morais determinando o valor das coisas que vivemos.

Algumas crianças, em tenra infância, já apresentam um pudor excessivo em relação à sexualidade ou à agressividade, que não tem fundamento na cultura da família, na forma como foram educados, simplesmente sendo uma manifestação daquela individualidade.

Há meninas e meninos que desde muito pequenos já estão agarrados às maquiagens das mães sem que tivessem sido estimulados a isso. Outros têm dificuldade de chorar, de pedir ajuda, de dizer que está doendo, como se obrigassem a ser verdadeiros machões em miniatura. Umas são mais irritadas, exigentes, impositivas como se o mundo tivesse que lhes servir. Algumas crianças fazem cocô na fralda, escondido atrás das cortinas, enquanto outras tiram o cocô do penico e o exibem para que todos vejam seu material.

Todo esse trânsito pelo mundo interior vai configurando o adulto que está por vir, e é necessário que assim aconteça. Mas o fio do nosso problema em termos de autodescobrimento é quando nos deparamos com os conteúdos indesejados, com aquilo que temos certeza que precisa ser rejeitado para termos um lugar no mundo.

Essa é a *sombra*, produto da repressão, dos estandartes morais que elegemos e que, por isso mesmo, não são facilmente acessados. Aquilo que chamamos de estandartes morais são as regras internas que dão valor a nós e ao mundo, que dizem o que é certo e errado, bonito ou feio.

O ponto é: o que faço ao identificar em mim aquilo que é considerado feio? Reprimo, nego, compenso, racionalizo, tento não ser.

O problema é que, se muito dos conteúdos sombrios vão se desenvolvendo a partir dessas exigências morais, não há como entrar em contato com nossa *sombra* sem viver uma revisão dessa moralidade – e esse é o ponto mais delicado do autodescobrimento, que faz com que as pessoas fiquem na superficialidade de si mesmas.

É mais ou menos fácil ir olhando para dentro quando se trata das construções a que fomos submetidos, dos medos aos quais fomos expostos. Mas a partir daqui o *ticket* para a viagem interior é um tanto mais caro, e poucos estão dispostos a pagar o preço.

Daí trazermos Jung:

> A *sombra* constitui um problema de ordem moral que desafia a personalidade do eu como um todo, pois ninguém é capaz de tomar consciência desta realidade sem dispender energias morais. Mas nesta tomada de consciência da *sombra* trata-se de reconhecer os aspectos obscuros da personalidade, tais como existem na realidade. Este ato é a base indispensável para qualquer tipo de autoconhecimento e, por isso, em geral, ele se defronta com considerável resistência. Enquanto, por um lado, o autodescobrimento é um expediente terapêutico, por outro implica, muitas vezes, um trabalho árduo que pode se estender por um largo espaço de tempo (JUNG, 2015, § 14).

Para a Psicologia analítica a *sombra*, em especial, é tudo aquilo que não temos o desejo de ser, aquilo que rejeitamos, que negamos, que não queremos, mas somos. Há por trás disso uma interdição, uma conotação negativa que nos impõe distância disso e, portanto, nos impede de acessar certos conteúdos ou afetos inconscientes que conflitam com os ideais que estabelecemos, mesmo sem consciência.

Essas são amarras que impedem nosso mergulho no inconsciente, que entravam o autodescobrimento. Encontrar-se é ir para fora dessa fortaleza que nos contém. Não há como fazer isso sem derrubar muros, e derrubar muros dá muito medo, gera exposição, sensação de insegurança.

E aqui a expressão "derrubar muros" tem um sentido muito mais forte do que se possa imaginar de primeira mão. Vejamos que, se existem entraves morais, o *ego* simplesmente não acessa os conteúdos. Não é que ele não sabe, mas tenta negar. Ele não sabe porque foram reprimidos, porque estão no inconsciente.

Mesmo que haja um desejo de se conhecer, há uma pressão muito maior oposta. Isso é tão intenso que Freud dizia que o autodescobrimento pressupunha um grande mal-estar na vida, mal-estar esse que tinha que ser maior do que o desconforto de se conhecer para que o processo desse certo.

É da natureza do inconsciente vir à consciência, fazer-se visto. Então, para que isso não tenha acontecido em relação a esses temas, é porque há uma grande força contrária. Esses entraves morais, os preconceitos, as exigências, compõem as barreiras que impedem determinado conteúdo de ser visto – e não adianta simplesmente insistir, fazer questionário de autodescobrimento. Tudo aquilo que conflita com os ideais será negado ou rapidamente esquecido, na tentativa de manter uma "ordem moral".

Tentar convencer a puritana de que há desejos inconscientes nela é tempo perdido. Ela é capaz de lhe matar, mas não vai assumir. Com isso, quero dizer que, ao invés de insistir ou tentar argumentar, o que o analista faz é evidenciar as barreiras ou começar a desconstruir os muros. Isso é o que Freud chamou de lidar com as resistências.

Dessa forma, quando as resistências forem amenizadas, ou seja, os impedimentos forem menores, os conteúdos naturalmente começam a aparecer para o *ego*.

Assumir um elemento sombrio é muito difícil, e quando isso acontece sem que tenhamos diminuído as resistências a tendência do sujeito é se culpar de modo destrutivo, e o suicídio tem sido um dos caminhos drásticos para esses que não querem aceitar o que são.

Grande parte do trabalho de um analista frente aos entraves dos conteúdos sombrios é criar um ambiente de acolhimento, de respeito e de aceitação irrestrita que faz com que o sujeito se sinta mais à vontade, o *ego* mais relaxado, e assim os conteúdos possam aparecer.

Para melhor exemplificar, alguém diz: *"Você acredita que me chamaram de mão de vaca? Me chame de tudo, menos de mão de vaca. Eu ajudo todo mundo!"* Adianta o psicólogo dizer a essa pessoa tão resistente que também acha que ela é mão de vaca? Provavelmente terá uma briga, uma tentativa de justificativa intensa ou cairá em descrédito, rompendo com o vínculo. O próprio Jung descreve alguns casos assim, onde fez interpretações à queima-roupa e as pessoas não deram conta do que ouviram.

Naquela situação provavelmente um analista questionasse: *"Qual o problema de ser mão de vaca?"*, como se dissesse: *"Olha, se você for mão de vaca, tudo bem, não tem problema, eu te aceito como você é"*. E quando os "fundamentos" dos preconceitos e exigências começarem a aparecer, o psicólogo vai ter que confrontar cada um deles, desfazendo as ideias equivocadas até que os muros caiam. Assim acontecendo, um belo dia, sem precisar dizer nada, a pessoa chega ao consultório e diz: *"Você não acredita, me vi agindo como um mão de vaca, exatamente como meu avô era!"*

Por trás disso estão nossos medos, em especial de ser aquilo que não gostamos, aquilo que achamos feio, que temos certeza de que deveria ser eliminado. E quanto maior é a repulsa, preste a atenção, maior é a probabilidade de existir, inconscientemente.

Quem disse que você tem que ser bonzinho? Amável? Que a sexualidade tem que ser vivida dessa forma e não daquela? Que não pode existir uma vagabunda dentro de cada um de nós, ou um corrupto, igualzinho aqueles que vemos e criticamos tanto?

Tenha coragem de colocar seus estandartes morais em suspenso e se prepare, pois na medida em que começar a fazer isso, o inconsciente tende a nos conduzir para um olhar mais profundo a respeito de nós mesmos.

Não há como fugir de quem somos

Imaginemos a seguinte cena: um menino foi tirado da sala porque estava dando muito trabalho, até que o impediram de entrar na escola. Você acredita que esse menino, sabendo que deve estar lá, ficará calado do lado de fora, ou ele incomodará até o último instante e de todas as formas para conseguir o que lhe é de direito?

Essa analogia serve para entendermos a relação com nossos conteúdos sombrios. Eles são nossas verdades. Jamais silenciarão por terem sido rejeitados. Até pior, ficam mais atentos por terem sido tratados daquela forma.

O argumento é, ou você assume a *sombra* e vive esse aspecto, ou o conteúdo rejeitado estará no inconsciente e atuará fora da sua percepção. A opção de não ser não existe.

O sujeito que não assume sua agressividade ofende os outros sem perceber ou a agressividade se avoluma de tal forma que começa um processo de autodestruição do próprio corpo. Quem sabe aí esteja um caminho para entendermos melhor as doenças autoimunes. A agressividade continua lá. Só mudou a direção.

Ou você assume que é vaidoso ou se envaidecerá de usar anel de coquinho, se achando simples e humilde, como uma forma camuflada de satisfazer a vaidade. Ela continua lá. Só mudou o critério do que é bonito para ser exibido, e você acha que se tornou uma pessoa melhor.

Jung dirá: *"Infelizmente, não se pode negar que o homem como um todo é menos bom do que ele se imagina ou gostaria de ser"* (JUNG, 2013, § 131).

Sabemos que algumas pessoas se sentem realmente afrontadas com esse tipo de colocação. É como se dissessem: *"Como assim que eu não sou dono de mim, que não sei quem sou?"*, ou o que mais dói: *"Como assim que eu sou inferior ao que acredito ser?"*

Murray Stein é ainda mais enfático ao dizer:

> A maioria das pessoas não sabe que é tão egocêntrica e egoísta quanto na realidade é, e quer aparentar ser altruísta e ter o total domínio de seus apetites e prazeres. A tendência das pessoas é, antes, para esconder tais traços dos outros e de si mesma por trás de uma fachada que as mostre como esperam que os outros a aceitem (STEIN, 2011, p. 98).

Para as pessoas religiosas, o processo de autodescobrimento tende a ser ainda mais difícil, justamente porque são alimentadas constantemente por aqueles discursos de exigências morais, como se o pecado viesse de fora e ele precisasse se limpar o quanto antes. Tudo bem que isso seja uma crença, mas não tem qualquer fundamento psicológico.

Tem que ser bom, tem que ser paciente, tem que ser humilde, tem que ser caridoso, tem que perdoar, tem que amar o inimigo, tem que, tem que, tem que...

Em *Estudos alquímicos*, Jung afirma que *"a prática religiosa e a moralidade assumiram um caráter decididamente brutal, para não dizer maligno"* (JUNG, 2011b, p. 54). É dolorosa sua análise e por isso foi considerado um cético para muitos religiosos, por questionar muitos pressupostos morais a apontar prejuízos para o desenvolvimento psíquico. Ele não rompe com a religião, mas às vezes parece impossível que esses caminhos convirjam, então diz: *"Gostaríamos de escalar as alturas de uma religião filosófica, mas na realidade isso não nos é possível"* (idem).

Quem disse que tem que? Gosto dessa pergunta, pois geralmente as pessoas a atrelam a alguma pessoa: meu pai, o padre, o pastor, o terapeuta. Mas a questão é que essas pessoas trazem apenas opiniões. Qual é o material de relevo, confiável? Quem realmente deveria dar as ordens não era o *Self*?

O que o mundo sabe sobre as verdades que precisamos viver? Olhemos como as regras e os estandartes morais têm se modificado cada vez mais rapidamente. Os negros há pouco tempo eram considerados inferiores, as mulheres não podiam votar, muito menos se eleger. A homossexualidade era considerada uma doença. Homem tinha que trabalhar e mulher cuidar das crianças.

Nem Jesus disse *"tem que"*. Vejamos melhor, nas bem-aventuranças Ele diz, por exemplo: *"os mansos herdarão o céu"*. Ou seja, se você não é manso não crie expectativas de herdar o céu e vai se acostumando com essa ideia. Seja lá o que céu signifique, Ele tá dizendo, não é para você. Outro ponto: Os que se elevarem serão rebaixados e os que se rebaixarem serão elevados. Pronto! Já está definido. A maioria de nós "será rebaixada", seja lá qual for o sentido dessa afirmação. Mas não adianta você querer forçar um a se rebaixar, porque no fim será exterior, falso e, ainda mais, interesseiro (está fazendo para se beneficiar lá na frente), e isso o colocará no grupo dos túmulos caiados – brancos por fora e podres por dentro, que Ele tanto criticou.

Eu sei que esse raciocínio é *punk*. É difícil porque esse foi o único caminho que aprendemos. Achamos que nos transformamos na base de imposições, de proibições, acreditando que vai dar certo. Mas, depois de Freud, em 1900, você não pode continuar acreditando nisso, pois ele já mostrou que tudo aquilo que você se esforçar para não ser, no máximo, irá para o inconsciente, e atuará sem a sua percepção.

Ninguém se torna pacífico por se esforçar para ser. Você apenas reprime a ira para o inconsciente, e continua sendo a mesma pessoa que era, sem saber quem realmente é, negando, somatizando, compensando, projetando.

Eu sei que isso dá um aperto no peito, um frio na barriga, afinal, estamos sendo colocados frente aos nossos demônios que, reprimidos, nos davam a sensação de não existirem mais.

Há um caminho de transformação? Sim! Mas é de dentro para fora, ou seja, produto do autodescobrimento, e vamos construir essa tese até o final da obra, com demonstrações simples e exemplos claros. Mas para chegar lá você precisa parar com a ideia de que é possível fazer mudanças arbitrárias na personalidade e começar a aceitar quem você é. Isso é mais seguro, acredite!

Ideais morais

Agora é hora de começar a confrontar seus estandartes morais. Segura a respiração e vai!

Quais são os tais dos princípios que têm regido sua vida até aqui? Como eles foram construídos? Quais são os valores mais importantes e de que modo eles o direcionaram para ser quem você é hoje? Quais são os contextos em que surgem aquelas frases: *"Onde já se viu..."*, *"Como assim você..."*, ou mesmo o *"Eu jamais..."*

As perguntas aqui são poucas, mas eu espero que você faça um grande texto, com todas essas reflexões, com o caminho das eleições conscientes ou inconsciente que você foi fazendo e que foram direcionando sua vida moral.

Esse exercício será fundamental para que você comece a baixar suas resistências, percebendo que não existe um certo e errado absoluto, que nada lá fora é tão claro para nos atermos como verdades fixas. Por esse caminho de revisão você começa a reconhecer as exigências silenciosas que se faz, e se abre para o reconhecimento das suas *sombras*.

No próximo capítulo darei recursos para lhe pôr frente a frente com suas *sombras*, mas se não fizer esse exercício agora o *ego* adoecido atuará, desfazendo toda e qualquer argumentação.

14
O encontro com as *sombras*

Embora eu já tenha falado que o maior trabalho é o de baixar as resistências e então os conteúdos vão se manifestando naturalmente, existem algumas situações que podemos intensificar nesse processo de encontro com a *sombra*.

Muito se tem falado ou escrito sobre os caminhos de encontro com as *sombras* nos meios psicológicos, mas não podemos nos furtar de dedicar algumas palavras a isso, trazendo para aqueles que não são especialistas os caminhos que nos ajudam ao autoencontro.

A psicanalista inglesa Molly Tuby (TUBY apud ZWEIG, C. & ABRAMS, J., 2011, p. 17-18) apresenta seis formas de identificação da *sombra*:

- Sentimentos exagerados em relação aos outros (*"Eu simplesmente não acredito que ele tenha feito isso!"*, *"Não consigo entender como ela é capaz de usar uma roupa dessas!"*);

- *Feedback* negativo que recebemos daqueles que nos servem de espelhos (*"Já é a terceira vez que você chega tarde sem me avisar"*);

- Interações em que continuamente exercemos o mesmo efeito perturbador sobre diversas pessoas diferentes (*"Eu e o Sam achamos que você não está sendo honesto com a gente"*);

- Atos impulsivos e não intencionais (*"Puxa, desculpe, eu não quis dizer isso!"*);

- Situações em que somos humilhados (*"Estou tão envergonhada com o jeito que ele me trata"*);

- Raiva exagerada em relação aos erros alheios (*"Ela simplesmente não consegue fazer seu trabalho em tempo!"*, *"Cara, mas ele perdeu totalmente o controle do peso!"*).

Além disso, Connie Zweig e Steve Wolf (ZWEIG, C. & WOLF, S.O. 1997, p. 55-57) nos presenteiam com sugestões de como procurarmos nossa *sombra*, e resumidamente o que dizem é que a *sombra* se esconde:

- Nas vergonhas secretas: descobrir a vergonha é descobrir o caminho para nossa *sombra*; porque, provavelmente, trata de coisas que não temos coragem de fazer abertamente, mas que se fosse possível, ou não houvesse recriminações, nós as faríamos;

- Nas projeções: se sentimos nojo, estamos incrédulos ou envergonhados pelo comportamento de uma pessoa, e se nossa reação é maior do que gostaríamos provavelmente estejamos fazendo um esforço inconsciente para banir aquelas características de nós mesmos;

- Nos vícios: quando somos controlados por comportamentos compulsivos, estamos tentando, mesmo sem saber, amortecer sentimentos sombrios e preencher um vazio interior, que é invisível;

- Nos atos falhos: quando fazemos afirmações trocadas, a *sombra* escorrega momentaneamente e revela pensamentos e sentimentos não intencionais, tais como insinuações, sarcasmo ou crueldade;

- No humor: especialmente em piadas cruéis à custa de outros, ou quando rimos dos comentários fora de hora e dos erros cometidos por outras pessoas;

- Nos sintomas físicos: podemos mentir, mas o corpo não mente;

- Na crise de meia-idade: a tarefa da segunda metade da vida é criar consciência daquilo que foi negligenciado ou ignorado, gerando, muitas vezes, instabilidade no amor ou no trabalho, ou a sensação de que a energia está acabando e há vontade de fugir do mundo;

- Nos sonhos: por serem eles a ponte com o inconsciente, embora precisem de um certo trabalho e orientação para sua compreensão adequada;

- Nos trabalhos criativos: as artes têm o poder de romper o controle rígido da mente consciente, permitindo o surgimento de novas imagens e estados de espírito desconhecidos.

A maioria dos autores fala da expressão pela via da arte como caminho de conhecimento de si. Temos ainda a intenção de desenvolver a tese de que a contemplação da arte, ou seja, o diálogo com as obras, pode ser um importante caminho de autodescobrimento. Aprender a contemplar a arte, dialogar com ela e permitir as manifestações do *Self* podem ser caminho acessível e fantástico, menos falado mas não menos relevante.

O encontro com aspectos sombrios

O encontro com a *sombra* é uma das coisas mais desagradáveis que vivemos internamente. Reconhecer que somos aquilo que desprezamos, que rejeitamos, que criticávamos pode ser extremamente perturbador. Muitas pessoas descrevem uma sensação de nojo, vergonha ou culpa. É um engasgo na garganta, uma coisa estranha que não desce e nem sobe, mantendo-se ali, desconfortável. Para uns é a vontade de se enfiar num buraco para não ter que olhar para a cara das pessoas, com a sensação de que todos saberão quem somos. E pior ainda é cogitar que as pessoas já sabiam e viam aquilo e somente nós que não víamos. Por isso, mais do que dizer que sabe dessa ou daquela a seu respeito, é importante prestar atenção no efeito disso interiormente.

Essa sensação desprazerosa pode ser um bom indício de encontro com um aspecto sombrio. Há vezes que não estamos encontrando com nada, apenas racionalizando, teorizando um autodescobrimento que não se efetiva, e por isso não transforma o sujeito. É muito fácil dizer que somos egoístas ou vaidosos num meio onde altruísmo e simplicidade são considerados virtudes. Afinal, se você disser que se acha altruísta ou humilde, sabe que será tachado de orgulhoso. Sendo assim, dizer-se "vicioso" pode ser uma forma camuflada de autopromoção egoica, mas não é autodescobrimento.

Minha teoria é que, para saber se você realmente está enxergando um aspecto sombrio, você precisa sentir o mal-estar inicial do encontro com esse inconveniente, e depois descrever pelo menos uns três lugares ou ocasiões onde identifica essa *sombra* atuando.

É comum dizer que somos orgulhosos, *"afinal, todos são"*, mas onde você é? Se você começou a perceber-se orgulhoso de verdade, pense como o orgulho está presente no seu casamento, no seu trabalho, na educação dos filhos ou na amizade. Se você identificar e perceber os danos que ele gera, daí eu acredito que você está adentrando.

Vamos analisar as consequências do autodescobrimento e como isso produz a verdadeira transformação para melhor. Mas aqui queremos ressaltar uma análise bem interessante de Jung a respeito da forma como as pessoas vivem inicialmente esse processo.

Diz ele que alguns pacientes adquirem uma consciência de si mesmos ou uma autoconfiança exagerada e se tornam desagradáveis. Por terem descoberto alguns aspectos, a partir dali sentem-se como se não houvesse algo que desconhecem, como se estivessem a par de tudo que se relaciona com o próprio inconsciente, acreditando reconhecer tudo que dele emerge. Outros, num oposto desse perfil, deprimem. Sentem-se esmagados pelos conteúdos inconscientes e sua autoconfiança diminui numa resignação um tanto destrutiva. No primeiro tipo, *"como esse conhecimento o ajudou, presume que também será útil para os outros. Torna-se facilmente arrogante e embora sua intenção seja boa, nem por isso deixará de ser aborrecido para os outros. Sente-se dono de uma chave que abre muitas portas, e talvez todas!"* Enquanto os do segundo grupo *"se abalam excessivamente com essa descoberta, esquecendo do que não são os únicos a possuírem um lado sombrio"* (JUNG, 2014, § 221).

Claro que, como dois extremos, nenhum deles é saudável, atrapalhando a continuidade do processo. O indivíduo que crê ter encontrado o pote de ouro, já encontrou e não precisa mais buscar. E aquele que foi destruído, menos ainda se sente motivado a adentrar um tanto mais.

Quero então propor uma abertura à alegria, sim, à alegria. Se você tirar a culpa do centro, se abrir mão do chicote, começará a sentir um tanto de alegria por se conhecer.

O autodescobrimento como filosofia de vida, a torna mais leve. Você está se percebendo de uma forma que não via. Está mais próximo das suas verdades.

Essa alegria é o prazer de se conhecer. É claro que o susto inicial produz um mal-estar inconfundível que é natural do processo. Mas tente não se ater a isso. Vá além.

Carl Gustav Jung afirma em sua autobiografia: *"Aquele que não atravessa o inferno de suas paixões não as supera"*.

É fato que é difícil se alegrar quando se está no meio do caminho. Mas como essa caminhada não terá fim por agora, comece a enxergar a beleza no caminhar.

Antes sua *sombra* estava atuando desgovernada. Agora você já enxerga, já é capaz de pedir desculpas. Não precisa ficar brigando, se justificando ou se defendendo. Você já sabe.

Essa etapa é importante: Não seja tão duro consigo, tão exigente. Alegre-se!

Até porque ainda temos um longo caminho pela frente. Superado o desejo de "ser melhor", quando você consegue reconhecer suas atuais características, sem mais brigar com elas, estará iniciando uma nova etapa, que é de dar lugar para certas verdades, e descobrir o que há por trás de outras, que o levarão mais para dentro do que possa imaginar.

O que a sombra traz para você?

Eu quero sugerir aqui dois exercícios.

1) O primeiro, quase inevitável, é de você ir localizando suas *sombras*. Imagino que, na medida em que você foi lendo tudo que foi descrito até aqui, muitas coisas saltaram aos seus olhos.

Liste todas, mas não coloque num papel qualquer que o *ego* vai perder em algum lugar desconhecido. Coloque nos seus registros, ampliando a noção do "Quem sou eu".

Sim, você é tudo até aqui, e um tanto mais de coisas que ainda não foram descobertas, e está tudo bem.

2) Para ajudar, quero propor a segunda parte desse momento. Reúna todos os elementos que já brotaram na consciência até aqui e que são indesejados, negados, repudiados por você. Agora, use da sua criatividade para descobrir quais lugares eles podem habitar, onde eles poderiam ser bem-vindos, o que eles podem oferecer ao mundo.

Pense comigo: uma vida adequada no sentido das *personas* é uma vida esvaziada de humanidade. O traço humano que tentamos eliminar nos livra de sermos o inconveniente, a extravagante, o promíscuo, a vagabunda, o inadequado, a carente, o louco. Mas esse "limpar" é também se livrar do mesmo elemento que torna o beijo inesquecível, a conversa empolgante, o abraço aconchegante, o riso espontâneo, o choro libertador, o sexo prazeroso, o encontro marcante, o grito legítimo e a transformação possível.

Postas as exigências de lado, talvez não seja tão ruim ser quem você é. Tente!

15
A transformação do encontro

Neste capítulo quero evidenciar outras consequências do autodescobrimento, agora mais direcionadas pelo diálogo com o lado sombrio.

Se os estandartes morais nos impedem de entrar em contato com algumas verdades, quando ultrapassamos essas barreiras e conseguimos assumir algumas partes da realidade interior, esse simples ato produz bem-estar.

Essa alteração decorre do fato de estarmos ocupando outro lugar no mundo. É como se antes estivéssemos em briga, querendo nos impor a algo, manter uma mentira, provar o que não somos, e é impossível ficar confortável no mundo quando não se está confortável dentro de si mesmo.

O oposto também é verdade. Quando estamos aconchegados aos conteúdos e verdades interiores pouquíssimas coisas externamente são capazes de nos abalar.

Para exemplificar isso, primeiro quero compartilhar aqui alguns relatos reais do quão perturbador e transformador é isso, com a intenção de estimular aqueles que nos leem. Depois, vamos nos debruçar em outras transformações diretas decorrentes do autodescobrir-se.

Jung, em *Estudos alquímicos*, fala do nascimento de uma personalidade superior, e expressa isso com uma carta de uma antiga paciente que compartilha da sua transformação interior consequente do contato com alguns aspectos sombrios:

> Do mal muito me veio de bem. Conservar a calma, nada reprimir, permanecendo atenta e aceitando a realidade – tomando as coisas como são, e não como eu queria que fossem –, tudo isso me trouxe um saber e um poder singulares. Sempre pensara que, ao aceitar as coisas, elas me dominariam de um modo ou de outro; mas não foi assim, pois só aceitando as coisas poderemos assumir uma atitude perante elas. Agora jogarei o jogo da vida, aceitando aquilo que me trazem o dia e a vida, o bem e o mal, o sol e a *sombra*, que mudam constantemente. Dessa forma, aceitarei meu próprio ser, com seu lado positivo e seu lado negativo. Tudo se tornara mais vivo. Como fui tola! Eu pretendia forçar todas as coisas segundo minhas ideias (JUNG, 2011b, § 70).

Para que os conteúdos sejam acomodados, o *ego* precisa viver uma transformação. O mal-estar inicial é de colocar alguém num espaço que não era previsto. Mas depois que as coisas se reorganizam é como se olhássemos para dentro e verificássemos que a organização ficou melhor com aquela nova cara. O sujeito que vive uma dimensão do se conhecer abre-se para a vida de um modo singular. Abrir mão é sofrido, mas ao mesmo tempo é libertador.

Há alguns anos eu tive o privilégio de acompanhar o desenvolvimento de uma pessoa que viveu intensamente essa viagem interior, e no momento de mais profundidade ela me escrevia, entre uma sessão e outra, como forma de suportar, e com isso me permitiu ter o registro exato de suas palavras, na dureza e na beleza do se conhecer. Primeiramente ela estava vivendo um desencontro, mas ainda sem saber tudo que viria:

> Creio que aquele sentimento de desestruturação de toda minha vida está piorando como se tudo que sempre acreditei não valesse mais. Valores, crenças, objetivos, entre outros. Como se uma pecinha do meu castelo de madeira tivesse sido arrancada. Colocar de novo como se nada tivesse acontecido? Difícil neste momento, mas tentador. Construir diferente? Talvez exija mudar toda a arquitetura. Pego-me então deitada diante dele sem fazer nada, olhos fixos sem enxergar e sem entender como a peça foi tirada, e talvez sem entender qual peça foi tirada. Pensava estar tudo tão arrumado, apenas precisando de uma reforminha aqui e ali. Que ilusão! (registros pessoais).

Pouco tempo depois, com a intensificação do processo, porque conseguiu não se deter no mal-estar vivido, foi além e, por consequência, o constrangimento se ampliou:

> Racionalmente percebo que nada mudou na dinâmica da minha vida, dou conta da minha vida e das minhas responsabilidades, mas me sinto entorpecida vagando por aí me esforçando profundamente para não me perder de mim mesma. Desta vez, ao contrário das outras, não estou num charco sujo e fétido, mas sim perambu-

lando num mundo de pontos de interrogações que nem sequer encontram os finais das frases para se posicionarem. Sinto falta da lama e do grude do charco, que ao menos me acobertavam de certa forma, pois agora parece não ter me restado nada! Após andar, andar e andar rodopiando, novamente volto ao chão, diante do castelo desmoronado, e fecho os olhos tentando acreditar que seja um sonho (registros pessoais).

Por fim desse momento angustioso, chegou um estado de bonança que só é vivido por aqueles que se arriscam nas ondas do mar bravio da viagem interior:

Eu iria dizer que havia achado mágico, mas troquei por curioso... Apenas queria dizer que estou me sentindo tão forte, tão frágil, tão livre, tão suave, tão completa, à vontade, desapegada de tudo e ao mesmo tempo ligada profundamente a tantas pessoas e coisas... Meus olhos são espelhos d'água refletindo minha alegria e gratidão por este dia, por todas as descobertas, incertezas, lama, charco, tudo... (registros pessoais).

Veja que eu disse que o fim era daquele momento angustioso. Isso não é o fim do processo de autodescobrimento. Ele não terá fim para nós. Isso é inconcebível até porque o inconsciente não é um simples depósito de conteúdos a ser conhecido. É dinâmico, ou seja, está constantemente se reorganizando, criando e dele estão nascendo novas possibilidades, num movimento sem fim.

Fato é que à medida que conseguimos ficar mais confortáveis, sem precisar negar algumas questões internas, vivemos um contentamento interior, uma alegria. É o começo da reconciliação, é o fortalecimento de um vínculo que foi perdido, um encontro essencial.

É claro que há o desafio de como trazer isso para o mundo, como materializar essa *sombra*, que segundo Whitmont não pode ser eliminada, e diz mais: "*A sombra tem de ocupar seu lugar de legítima expressão de algum modo, em alguma época, em algum lugar. Ao confrontá-la, escolhemos quando, onde e como podemos permitir que exprima suas tendências num contexto construtivo*" (WHITMONT, 2004, p. 151).

Claro que parece mais fácil continuar pelo caminho já conhecido. Mas ele levará sempre ao mesmo lugar.

É desafiador começar um caminho novo, abrir espaço na mata dá muito trabalho. Mas a expectativa do novo, das novas possibilidades, dos novos sentimentos, das novas respostas é empolgante.

A consciência que transforma

Tenho desenvolvido a expectativa de que existe uma transformação, diferente da que aprendemos, que se dá de dentro para fora. Mostrei que, quando começamos a nos conhecer, nos tornamos menos reativos, mais acessíveis, e, pelo reconhecimento de alguns elementos, mudamos por abertura, por consciência, naturalmente.

A mudança por consequência da tomada de consciência é diferente daquela por imposições ou castrações. Ela é duradoura, sem precisar de grandes esforços, porque se dá de forma espontânea.

Esse é um aspecto importante, que está no centro da nossa análise, e se não ficar claro, não fará sentido todo o resto. Portanto, tentarei ser explícito nos detalhes e nos exemplos.

Um ótimo começo é o perdão.

Há inúmeras pesquisas sobre os benefícios do perdão, com argumentos elaborados de que o perdão não é algo para o outro, mas uma libertação para o próprio sujeito que perdoa.

Mas como perdoar? Basta querer? Como saber se o conteúdo não está indo para o inconsciente? Se as ordens vierem de fora, do "tem que", certamente será repressão. Mas a raiva está lá dentro, o desejo de vingança, ou pelo menos de que o outro seja prejudicado, pulsa no *ego* doente.

Qual o caminho interior que o autodescobrimento proporciona, e que realmente leva o indivíduo ao perdão? Vejamos.

Quem se acha correto, perfeito, acima dos demais, se ofende e não perdoa. Como eu dizia, só pede desculpas quem errou. O perdão está no mesmo caminho.

Se não reconheço minha responsabilidade no ocorrido, dificilmente perdoarei. Talvez tenha um "ato de bondade", um gesto de superioridade, camuflando meus conflitos internos. Tento perdoar para me sentir melhor, para desobrigar minha consciência, para cumprir com os ideais, ou até, como disse, para humilhar o outro como forma de mostrar que sou superior a ele.

Mas, e se começo viajar para dentro e descobrir que aquela atitude do outro que me agrediu, me prejudicou, teve contribuições minhas? Talvez aqui a coisa comece a mudar de figura...

A traição geralmente é vista como um problema do traidor. E como traidor, merece ser punido. Mas será que sempre a traição é consequência de um, ou é a sinalização da falência do casal?

Qual será a repercussão interna, para mim que fui traído, de perceber que contribuí para aquela situação, que comecei a me distanciar por não ser do jeito que queria, ou por estar tão ocupado que fui deixando um espaço vazio?

Não estamos querendo trocar o lugar dos culpados. Estamos tentando encontrar a nossa responsabilidade naquela situação, e ao descobrirmos que não somos simples vítimas, mas parceiros no erro, as coisas começam a se amenizar internamente. A raiva esvai e a certeza de que o outro é a fonte dos problemas se dilui.

Quem está magoado ou ressentido por uma traição não vai perdoar porque leu esse livro. A proposta é parar de olhar pra fora, ir pra dentro, e encontrar as suas verdades, aquilo que realmente o libertará.

Perdão não é esquecimento da ofensa. É consequência da conscientização de quem somos, das nossas imperfeições, dos nossos equívocos.

O indivíduo que adentra o mundo interior reconhece suas responsabilidades, enxerga-se por um novo ângulo que não é nem da vítima, nem do culpado – e sim, do humano. Dessa forma, se o cônjuge vier, ficaremos constrangidos, incapazes de perdoar, porque não estamos ofendidos, estamos reflexivos sobre o "nosso problema".

"Perdoar do quê? Erramos juntos, cada um da sua forma!"

Não quer dizer que a gente vá manter a relação. A traição pode ser a sinalização de que estamos desconectados, que não há mais espaço para o casal. Ou pode ser o despertamento para o que realmente é importante.

Mas independente de ficar ou ir embora, perdoar será sempre necessário, desde que seja de dentro para fora.

O reconhecimento de nossas *sombras* nos tira do lugar das certezas que julgam, que sabem, para se colocar ao lado do outro, no mesmo barco. Não se perdoa porque é bom, maravilhoso, e do alto de seu pedestal oferece a misericórdia aos errados do mundo. Perdoamos porque sabemos que todo acontecimento é influenciado por inúmeros fatos, conhecidos e desconhecidos pelo *ego*, e se algo está acontecendo conosco, muito provavelmente influenciamos para que aquilo acontecesse.

"Não admito que fale assim comigo", "Meu chefe preferiu promover um comparsa dele do que a mim que sou melhor", "Meu filho é um ingrato".

Quantas certezas furadas nessas falas. Quanta falta de autodescobrimento.

Pode ser que aquela pessoa se exaltou conosco porque já, de muito tempo, vinha se sentido mal com nossas atitudes que não foram identificadas pelo *ego*. E a promoção? Foi mesmo uma injustiça ou será que você está apenas focado na sua carreira, ao invés de ater-se também às relações e os outros ofereceram algo mais importante que você não vê? O filho é um ingrato ou nós que estamos supondo que demos muito? Quem sabe, no sentimento dele, não tenha recebido tudo que você deu, ou aquilo que você tanto valoriza, como o dinheiro, pode não ser o que realmente ele queria.

O autodescobrimento pode o salvar de todos esses desencontros, de todas essas "certezas", afinal, somos a rolha no oceano...

Mas ainda quero ressaltar uma outra grande transformação, de dentro para fora, decorrente do autodescobrimento: os preconceitos, os julgamentos, as durezas. Não me canso de repetir que naturalmente o sujeito que se conhece perdoa, compreende, tolera, respeita. Se sabe que a vida interior é cheia de perturbações, de dramas, que somos muito mais complexos do que imaginamos, e que não temos o controle que imaginávamos ter, então, como vamos exigir que o outro se controle, seja adequado, perfeito?

Quem reconhece seus demônios aceita que o outro os tenha, e, claro, aquele que se imagina santificado, vai se colocar no lugar de exorcizar os demais.

Aquele que não se conhece minimamente, que se acha espetacular, avalia, julga, diagnostica e condena. Mas faz tudo isso porque mal sabe de si. Quero ver você bancar tudo isso depois de viajar um pouquinho mais para dentro.

Quando achamos que somos íntegros, combatemos os corruptos, criticamos e, se deixar, até ferimos ou prejudicamos essas pessoas, num discurso lindo de fazer justiça, completamente corrompidos. É mais fácil falar dos corruptos do que das barganhas que fazemos para tentar educar nossos filhos. É uma delícia falar mal de prostitutas ou traficantes do que refletir sobre todas as vezes que nos vendemos sexualmente para o marido ou para a esposa, para ter o que queríamos ou para evitar um estresse maior. Falar dos dependentes, dos obesos, dos promíscuos, é uma ótima forma de desviar nossa atenção para a dificuldade de comer menos doce, de ter uma vida saudável, ou da morte que nos impomos todos os dias pelos maus hábitos que já estamos acostumados.

Todos os dramas humanos que tinham nossos comentários e julgamentos ganham outra dimensão quando são olhados a partir do mundo interior.

Tornamo-nos mais compreensivos, mais amenos, mais tolerantes, mais afetivos inclusive, porque estamos mais próximos do humano em nós, e com isso conseguimos nos relacionar com o humano que há no outro. Ao estarmos aferrados às nossas máscaras, o máximo que conseguimos é enxergar a máscara alheia, e essas relações de fora são tão áridas...

Conhecer-se nos leva a não julgar, não condenar, aceitar, compreender!

Como criticar o dependente químico quando somos, de nossa forma, também dependentes de tantas coisas? Há diferença entre o *crack* e as redes sociais, certamente. Mas será que não estamos nas redes sociais apenas por uma condição que a vida nos colocou? Será que se tivéssemos nascido naquelas condições que o outro está, não faríamos exatamente igual?

Essas reflexões me chegaram quando fui trabalhar num hospital psiquiátrico e fui obrigado a concluir que o que me separava, na condição de "normal" de muitas daquelas pessoas, era só o lugar onde tínhamos nascido e as oportunidades diferentes que a vida tinha nos dado.

Conhecer a si mesmo é caminho seguro para viver em harmonia com as diferenças, com as imperfeições do mundo, porque temos consciência que estamos todos no mesmo barco.

Por fim, ainda quero ressaltar um outro elemento transformador por consequência desse processo: a humildade. Não é o ser bonzinho, o não se orgulhar do que fez. É reconhecer que onde chegou é consequência de um somatório de fatos, pessoas, situações, que sem isso seria impossível ter conquistado tudo que conquistou.

O encontro com nossas *sombras* nos obriga a reconhecer que somos, em alguma instância, muito piores do que alguns dos nossos resultados positivos. O chefe exaltado, que se acha maravilhoso, só se coloca nessa altura porque ainda não enxerga o que seria dele sem sua equipe. E mesmo que tivesse trabalhado sozinho, chegado por conta própria e exaustivo esforço, quem lhe ensinou o ofício? Quantas pessoas, conhecidas e desconhecidas, contribuíram para a situação atual?

Numa sociedade onde parece que ainda acreditamos que o homem é o dono da casa por trabalhar e "colocar dinheiro" há que se perguntar: e que seria da casa sem alguém que cuidasse dela, dele mesmo ou dos filhos? Que sentido teria a vida e qualquer montante no banco se não tivesse seus amores para compartilhar? E a mulher, coitada, que caiu nesse discurso, achando que indo trabalhar seria valorizada, e agora tenta se impor uma tripla jornada ou medir forças com seu dinheiro, repetindo os mesmos dramas anteriores.

Vai pra dentro!

Descobre o que você realmente tem a oferecer ao mundo. Mas reconhece também que tudo que você é, fez ou faz, está conectado a um outro alguém. Até a mãe desajustada ou o pai fraco são casos de gratidão, porque de forma indireta deram noção do que fazer ou não fazer, e a partir dessa experiência você decidiu mudar – por isso, seja grato!

Por tudo isso digo, quando o *ego* começar a subir, quando exigir tratamento especial, quando se achar mais ou melhor do que alguém, olhe pra dentro, e essa loucura logo passará!

A sua transformação

Quais as transformações que o encontro com sua *sombra* está fazendo aí dentro?

Você tem aprendido a se colocar frente a frente com suas *sombras* e entender quem você é, ou ainda está brigando, tentando provar o contrário, querendo não ser o que é?

Assuma esses conteúdos, converse com eles.

Não quer dizer que você deve atuar conforme eles porque esse também não é um caminho saudável.

As suas *sombras* falam de questões mais profundas a seu respeito, por isso digo para conversar com elas, para tentar estabelecer uma conexão, e ser transformado por esse encontro, onde não somos mais o que éramos nem a simples atuação sombria – somos o produto do encontro entre esses dois polos.

Essa é a sua travessia, o caminho novo que começa a brotar de dentro de você e que pode ser usufruído apenas pelos corajosos, por aqueles capazes de abrir mão de suas defesas e se entregarem nessa viagem interior, de conhecimento e de transformação.

Por isso o presenteio com um pequeno trecho de Teixeira Andrade, falando das travessias que precisamos fazer! Aproveite!

"Há um tempo em que é preciso abandonar as roupas usadas...

Que já têm a forma do nosso corpo...

E esquecer os nossos caminhos que nos levam sempre aos mesmos lugares...

É o tempo da travessia...

E se não ousarmos fazê-la...

Teremos ficado...

para sempre...

À margem de nós mesmos..."[4]

---

4 Este texto foi atribuído por muitas pessoas a Fernando Pessoa, mas o Instituto de Pesquisa em Memória Social afirma que é de Fernando Teixeira Andrade (http://memoriaipms.blogspot.com/2012/09/tempo-de-travessia-fernando-teixeira-de.html).

16
Os sintomas

Nada simplesmente é o que é, e pronto! Dizer "*eu sou assim*" não gera equilíbrio psíquico nem plenitude. Muito daquilo que chamamos de *sombra* ainda são os sintomas, ou seja, são a expressão de algo, mas não as nossas verdades mais profundas. É como se fossem verdades provisórias. Precisam ser identificadas como partes nossas, acolhidas com respeito e consideração, permitir que nos transformem. Mas muitas delas, assim que cumprem com esse papel de transformação e abrem novas portas, começam a se esvair.

Eu vou trazer exemplos disso, mas desde já estou reforçando que não é você quem decide o que fica e o que vai, é natural, de dentro para fora, lembra?

Vamos então para a análise dos sintomas: Uma das grandes contribuições de Freud foi mostrar que as doenças não são coisas em si, mas sintomas, ou seja, são a sinalização de algo mais profundo.

A febre não é uma coisa em si. Quando a temperatura do corpo aumenta isso é um sintoma de algo mais profundo que precisa ser compreendido. Não dá para simplesmente querer baixar a temperatura. Tem que descobrir o que está produzindo aquela alteração, e quando chegamos na causa, a temperatura baixa naturalmente.

A depressão não é simplesmente uma depressão. Ela fala de algo mais que está por trás, ou seja, a depressão é somente um sintoma de uma equação interior. A irritação, a compulsão sexual ou a inibição, a ansiedade, o pânico, as coceiras, tudo isso pode ser compreendido como sintomas, sinalizando algo a ser descoberto.

Por isso no início eu afirmei com tanta segurança que o verdadeiro autodescobrimento jamais levaria o sujeito a uma acomodação. Autodescobrimento é uma busca constante por compreender o que há por trás, o que aquilo quer dizer. Um indivíduo que verdadeiramente esteja comprometido em se conhecer vive desacomodado, em buscas cada vez mais significativas. Acomodação seria o oposto disso.

Todo sintoma revela algo do sujeito que, geralmente, ele não está conseguindo enxergar ou assumir. Desse modo, todo sintoma é um convite a um olhar mais profundo, à realidade inconsciente.

Por essa lógica é que na análise não trabalhamos para a eliminação do sintoma. A meta não é livrar o sujeito da depressão, e sim compreendê-la como resultado de uma equação interior desequilibrada, que chama a atenção para elementos mais profundos. Por essa via, o suposto "resolver" a depressão sem a viagem interior seria tentar silenciar o inconsciente, sua manifestação, que agora precisa encontrar outro caminho, fazendo um novo sintoma.

Essa pode ser a explicação para tantos casos de cirurgia de redução de estômago que desencadearam dependências do álcool. A compulsão alimentar tem um sentido na vida daquela pessoa. Pode ser um mundo de possibilidades: esconder seus buracos, adoçar a

184

vida, preencher o vazio, inflar para impor distância ou negar a sexualidade... Então, aquele sujeito que não olhou para o que estava acontecendo dentro de si, muda o estômago. Daí aquilo que não foi conscientizado e suportado se expressa por outras vias, e disso surgem novas doenças mentais.

Então nunca uma pessoa deveria fazer intervenções físicas? Obviamente que não estamos afirmando isso, do mesmo modo que não nos opomos em absoluto às medicações psiquiátricas.

O que estamos defendendo é que todo elemento físico tem um componente emocional que precisa ser visto ou compreendido para que não surpreenda o sujeito por outras vias. O debate não é se faz a intervenção ou não, mas qual o móvel dela e em que momento.

É grande o número de deprimidos que toma antidepressivos sem qualquer reflexão sobre esse sintoma. Buscam o remédio para se livrar de um problema, aquela donzela que veio de longe, nas palavras de Freud, como se tivessem "pego" o problema ali na esquina. Se ele veio de fora, precisa de alguém para "tirar" isso dele, ou esperar até que vá embora.

Muitas vezes acompanhados por médicos em consultas de tempo mínimo ou por médicos que não se interessam pela dinâmica da psique, os pacientes descrevem seus sintomas e saem com uma "receita" para sua "solução". Contudo, se as coisas fossem simples assim não teríamos números assombrosos de depressão e suicídio.

Certas pessoas estabilizam, têm remissão da maioria dos sintomas, mas depois de um tempo têm nova crise. Alguns aumentam a dose, obtendo nova melhora, talvez por mais um ano, até que novos sintomas apareçam e, felizmente, os médicos digam: não podemos ficar simplesmente aumentando ou trocando a medicação, você precisa entender o que o está levando a essa situação.

Há também aquelas que com a medicação têm uma diminuição dos sintomas e, com essa melhora "artificial", acreditam que estão bem. Tiram a medicação, por conta (o que seria um equívoco) ou mesmo por orientação médica, e em algum tempo eis que nova crise surge, trazendo todos os mesmos já conhecidos sintomas.

É certo que há, ainda, os que tomam a medicação, e pela remissão dos sintomas conseguem pensar com mais clareza, se compreender com mais profundidade, na forma como lidaram com os problemas e reagiram à vida, e conseguem operar mudanças de questões que estavam lhes atormentando faz tempo – às vezes uma separação, uma culpa, um medo que não era enfrentado. Esse sujeito enfrentou-se internamente. Muito provavelmente, quando o médico começar a diminuir a medicação ficará bem porque lidou com o sentido do sintoma, diferente daquele que estava bem porque estava tomando o remédio, mas nada mudou em si.

O mesmo desafio que está por trás do uso da medicação também acompanha outras formas de intervenções, muitas vezes sugeridas pelo próprio psicólogo. É hora de acalmar fazendo uso da meditação, ou de usar a inquietude para aprofundar em si? Conter a compulsão ou abrir o porão? Quando as intervenções estão a serviço do desenvolvimento psíquico, do suporte que o sujeito precisa para ir além, e quando elas estão apenas inibindo o sujeito da viagem interior, como se estivesse tudo bem internamente?

Um paciente com graves sintomas depressivos e ideia fixa de suicídio muitas vezes nem consegue falar para se analisar, para entender o que está acontecendo consigo, tamanho estado de fechamento. Então, a medicação é essencial para favorecer uma abertura a um processo mais amplo do que simplesmente parar de pensar em suicídio.

Outra reflexão importante é: dizer que todo sintoma tem um componente emocional não quer dizer que todo sintoma é gerado pelo elemento psíquico, e sim que há um elemento psíquico presente, junto com inúmeras outras questões que fluem para a formação daquele sintoma. O sujeito não é apenas um corpo, mas também não é apenas uma mente. Disso resulta o modelo bio-psico-social.

O que a psicologia faz é tentar ajudar o sujeito a olhar para aquele elemento. Contudo, esse conhecimento da psicologia, acredito eu, aos poucos estará presente em toda a sociedade e em todas as áreas que lidam com o ser humano, seja pela intervenção do psicólogo ou mesmo como conhecimento geral ampliando o olhar daquele profissional.

Quando o fisioterapeuta entender que aquele corpo endurecido que precisa alongar ou aquela coluna que esmaga os discos e não os deixa respirar sinalizam formas de encarar a vida ele terá melhores resultados conciliando corpo e mente. O conhecimento *psi* ajudará o cardiologista a se ver não apenas como o especialista do coração, mas também das emoções, afinal há inúmeros estudos sobre a relação entre raiva e infarto ou das cirurgias cardíacas que desencadeiam da depressão. Os nutricionistas não prescreverão apenas dietas, na fantasia de que é só parar de comer, ou comer melhor. A psicologia auxilia a entender que o alimentar pode ter até uma expressão destrutiva onde o engordar tem um sentido mais profundo do que simplesmente a resultante das calorias ingeridas x gastas.

O sentido do sintoma está no futuro

Para a compreensão do sintoma falamos primeiro que ele não deve ser visto como algo em si, muito menos combatido como se fosse algo aleatório.

Agora, queremos trazer um pouco da noção de que o sintoma tem um sentido, ou seja, ele vem para produzir alguma mudança no sujeito.

Por que frente a uma morte inesperada alguns iniciam quadros de ansiedade enquanto outros fazem quadros de depressão? Por que alguns abusam da maconha, outros da cocaína, sendo que elas têm efeitos muito diversos no cérebro do sujeito? Qual o sentido de cada uma dessas experiências?

A depressão faz o sujeito parar, o pânico obriga a descer, a maconha a relaxar e a cocaína a se exibir... entende que cada sintoma fala de algo específico?

Para Freud, a pergunta que levava ao conhecer-se era "*Por que esse sintoma?*" Jung vai em outra direção e pergunta "*Para que esse sintoma?*", como se trouxesse em seu bojo a interpretação de que todo sintoma é um convite para algo novo, para uma descoberta a nosso respeito, para o contato com as nossas verdades.

Poderíamos dizer que alguns deprimem porque não aceitam a morte de um ente querido, ou que não cogitam enfrentar a vida sem ele, com medo de não dar conta. Percebe que uma interpretação está olhando para trás enquanto a outra está olhando para frente?

Na obra *A natureza da psique* Jung afirma que o seu tratamento é construtivo do inconsciente, ou seja, que está comprometido com o seu significado ou com a sua finalidade. É muito diferente interpretar a intenção suicida porque foi traído (passado) ou porque quer eliminar a imagem de fracassado no casamento (futuro).

O encontro com o inconsciente não é do que foi simplesmente, mas do que está por vir. E disso ele constrói a noção de função transcendente: o resultado da união dos conteúdos conscientes e inconscientes.

O inconsciente quer se manifestar, não por um ato destrutivo, mas sim porque quer promover uma mudança. Isso se torna um ato destrutivo quando o *ego* não consegue aceitar a transformação que ele está convidando. Então, comete-se suicídio por não aceitar que pode ser menos importante, menos especial. A energia era de destruição, mas não de destruição da vida, e sim da fantasia de que se era muito grande, acima ou especial.

Percebe que a transformação não é escolhida pelo *ego* (ser assim ou assado). Ele é transformado pelo encontro. Ele não é o determinante do processo, ele é o produto! O *ego* é transformado pelas verdades que emergem do inconsciente, caso consiga suportá-las e se manter em diálogo com elas.

Guarde essa ideia, pois até aqui falamos de mudanças de comportamento consequentes do autodescobrimento. Claro que elas são importantes e muito significativas, mas iremos além. Mesmo que sejam naturais consequências do despertar da consciência, ainda são expressões. Agora chegamos na mudança de estrutura! Pôr-se frente aos sintomas, dialogar com eles e descobrir seu sentido, em certos casos, produz uma mudança estrutural. Essa é a ideia, quanto mais profundo você for em si mesmo, mais estruturantes serão as transformações vividas.

A verdade por trás do sintoma

Ainda, para compreendermos os sintomas, precisamos de um terceiro elemento: cada sintoma traz uma verdade que precisa ser integrada. Mas cada verdade pode ser um novo sintoma de verdades mais profundas. Tentarei me explicar melhor.

Todo conteúdo que é negado pelo sujeito, que ele não tem o desejo de ser, é chamado de *sombra*. Estou mostrando que toda *som-*

bra precisa ser acolhida, aceita, integrada, e quanto melhor fizermos isso, mais para dentro iremos.

Há pessoas obesas que não aceitam que têm um problema. Fazem-se de bem resolvidas com seu peso, negam as estatísticas médicas e se recusam a buscar ajuda. O passo importante do autodescobrimento nesse caso é aceitar sua verdade, da obesidade, de que está comendo mais do que seu corpo necessita.

Na viagem interior deverá reconhecer isso. A obesidade era, nesse caso, um aspecto sombrio e precisava ser aceito. Mas ao ser aceito isso é apenas uma porta que se abre para novas transformações. Assumir-se obeso não quer dizer que aceita que é e pronto, e continua comendo! O reconhecimento da obesidade de forma legítima leva o sujeito a se perguntar o que há por trás daquilo, o que lhe levou a essa situação e qual o sentido daquilo na sua vida. Se conseguir não interromper o diálogo interior pode ser que descubra que a gordura tem um sentido de afastar as pessoas ou de tentar se proteger. Isso é produto de uma reflexão profunda, mas novamente não pode se assentar nisso e dizer *"Eu estou me defendendo das pessoas"* ou *"Eu sou assim".*

Entende quando eu disse que o autodescobrimento não é um lugar para chegar, mas um constante devir, uma filosofia de vida, de constante abertura? Cada tomada de consciência é uma nova porta que se abre para um mundo desconhecido que precisa ser aceito, acomodado, mas ao mesmo tempo investigado em suas bases mais profundas, tudo ao seu tempo.

Pode ser que ao intensificar a viagem para dentro, ao longo dos meses ou dos anos, aquela pessoa obesa descubra que foi se fechando para o mundo, como uma defesa, porque tem receio de não ser aceita, amada.

Uma importante observação. Quando chegamos em descobertas como essas, pessoas, ou mesmo terapeutas inexperientes, do senso comum, dos livros de autoajuda vão dizer: *"Você tem que se abrir!"* ou *"Você tem que se amar! Não se preocupe com os outros!"*

Volto a criticar essa postura. Que loucura é essa que faz com que as pessoas falem isso para as outras? É a fantasia egoica de que, ao dizer, o outro se modificará diante da minha fala? Que imagem temos de nós mesmos como terapeutas para achar que o indivíduo mudará suas crenças, seus dramas e seus sentimentos com nossas afirmativas positivas?

É necessário perceber que as colocações continuaram a ser as supostas mudanças de fora para dentro, como se fosse possível simplesmente começar a se aceitar ou se amar de uma hora para outra, fazendo frases afirmativas do tipo *"eu me amo"*.

Se eu me odeio pelo que sou não será por repetição que vou me amar. Isso seria reduzir o ser humano a uma maquininha de simples sistema, quase como uma fita cassete que dá para gravar por cima. Não. Somos muito mais complexos do que isso.

A filosofia do autodescobrimento vai nos levar sempre a um lugar mais profundo, sem as exigências de transformação egoicas. Elas se darão sim, mas pela consequência do conhecimento de si. Se não houve mudança é porque há mais a ser conhecido.

Sigmund Freud, em 1905, escreve um fantástico texto chamado "Sobre a psicoterapia", no qual diferencia a via analítica da via sugestiva, que é o que aqui chamamos de mudança de dentro para fora. E faz de forma belíssima, resgatando a antítese posta por Leonardo da Vinci no trabalho da pintura e da escultura. Na primeira tem-se uma tela em branco e se aplica uma substância onde nada existia para obter o resultado final. Por isso ele chama de *per via de porre*. Já na escultura, o bloco de pedra oculta o resultado final, como se o trabalho do artista fosse o contrário de "por algo", apenas precisando retirar os excessos para apresentar a estátua ali contida, denominado então de *per via de levare* (FREUD, 1905, p. 270).

Essa analogia de Da Vinci resgatada por Freud é extremamente oportuna, pois a atuação externa querendo modificar as pessoas pressupõe que elas não tenham sua própria experiência, sua história e tudo aquilo que lhes levou a ser do jeito que são, como se fosse possível abstrair isso de uma hora para a outra e mudar o comportamento. Então, sim, muda-se apenas o comportamento, o externo, como alguém que pinta a fachada de uma casa, sem tocar nas estruturas, que em termos de transtornos mentais é a verdadeira questão.

Em se tratando da relação conosco mesmos, algumas vezes tentamos agir da mesma forma, nos impondo determinadas condutas ou modos de ser que desconsideram completamente nossa historicidade, nossa realidade interna e nossas próprias possibilidades. Por isso insisto que o máximo a ser alcançado é uma mudança de fachada, a realização de uma pintura, mas nunca a solidez de uma escultura.

O poder transformador do autodescobrimento não está em identificar questões para serem mudadas, como alguém que pode pintar algo por cima da pintura anterior. Está no entendimento dessa estrutura mais profunda, no extrair os excessos para que a obra possa ser vista, sem precisar "pôr" nada, e sim, ser o que se é! Por isso dizemos que é uma postura de vida, uma filosofia que leva o sujeito cada vez mais para dentro, e ele vai se transformar por SIMPLES consequência de se conhecer.

O homem que está deprimido e não consegue reconhecer seu estado precisa aceitar esse sintoma como uma verdade sua. Ele está deprimido. Isso é essencial para obter ajuda. Muitos homens ao invés de manifestarem a fragilidade e o desânimo, por estarem aferrados à *persona* de fortes ou independentes, manifestam a depressão pela via da irritabilidade, da agressividade. O sintoma, aquilo que é visto, é a intolerância ou a agressividade. Mas com um pouco do olhar para dentro será possível identificar que aquela conduta tem um sentido mais profundo. O duro veio no sentido de esconder a dor que está por detrás da imagem de forte, de macho. Sendo assim, tendem a diminuir os sintomas de agressividade e o sujeito consegue enxergar a depressão que estava escondida por trás daquele sintoma. Mas e agora? Basta dizer que é deprimido? Isso é integrar, aceitar, assumir? Sou deprimido, sou um fraco? Certamente que não.

É importante entender que ao mesmo tempo em que precisamos acolher aquela realidade, que é a verdade manifestada naquele momento, e viver a transformação decorrente desse encontro conosco, todo sintoma, ao mesmo tempo, revela outras verdades mais complexas e difíceis de serem aceitas, que produzirão outras transformações.

Voltemos ao caso do homem deprimido. Agora que consegue assumir que está num quadro depressivo não vai mais fazer movimentos para esconder isso. Ótimo. Ele precisa acolher e ficar minimamente bem com isso, mas não para ser assim. Ele precisa estar um tanto confortável para que consiga falar e analisar a situação, pois o objetivo é ir um pouco mais para dentro. Assumir a depressão pode lhe tornar mais acessível, menor duro consigo e com os outros. Ele que achava que tudo se resolvia com uma dose de boa vontade é obrigado a descer do pedestal egoico e assumir que existem outros fatores que conduzem à vida interior. Também será mais compreensivo com os outros, já que julgava sempre pelos seus olhos.

Mas mesmo vivendo essas transformações, pode ir além. A depressão como sintoma pode ser a sinalização de uma culpa que o sujeito tenta esconder, uma insatisfação não resolvida, uma revolta silenciada.

O exemplo do álcool é ótimo para compreender essa complexidade. Dizemos que enquanto o alcoólatra não assume que é dependente do álcool ele não consegue se tratar. Então, precisa assumir que é. Mas basta dizer que é alcoólatra e ficar longe do álcool por toda a vida porque é dependente? Do ponto de vista das psicologias profundas, não. O que há por trás do alcoolismo? O que ele pode estar escondendo? Talvez um sujeito que se sente inferior, e o álcool anestesia esse sentimento. Então pronto. É inferior, uma porcaria! Ou pode tentar ir mais para dentro... e descobrir que o sentimento de inferioridade está conectado com uma postura de competição, de desejo de ser grande, maravilhoso, bem-visto... Mas o querer ser lindo pode ser uma tentativa de evitar o sentimento de rejeição, de abandono, na fantasia de que pessoas belas maravilhosas sempre estarão rodeadas de outras pessoas e nunca se sentirão sozinhas.

Veja que praticamente todo sintoma, após ser acolhido e aceito, transforma, e após transformar, abre uma nova porta para um elemento mais profundo, sucessivamente, num caminho aparentemente sem fim.

Sintomas e seus sentidos

Se todo sintoma traz uma verdade, tente fazer uma lista de seus principais sintomas. Isso vai te ajudar a iniciar uma "pesquisa" mais aprofundada de si mesmo. Já sabemos que essa situação não é um simples acaso e que a maioria dos sintomas está relacionado com nossas emoções, sentimentos, pensamentos e a forma como encaramos a vida. Então, avance nesse sentido de tentar entender com um pouco mais de profundidade quem você é a partir dos seus sintomas.

Não é um espaço de definições, de respostas prontas e de relações causais. É uma abertura para que cada sintoma, como uma peça do grande quebra-cabeça, fale um pouquinho mais a respeito das suas verdades negadas.

Um caminho interessante para instrumentalizá-lo, no sentido de autodescobrimento por via dos sintomas, é o estudo da psicossomática. Há muitos bons autores que relacionam os sintomas físicos às posturas psíquicas. Dentre tantas boas possibilidades, citamos Rüdiger Dahlke, que escreveu *A doença como caminho* e *A doença como linguagem da alma*, como ótimos livros para introduzir ou ampliar a reflexão acerca dos componentes emocionais dos sintomas físicos. Além deles, há outros, dos quais ressalto *A saúde da mulher*, dele e colaboradores, abordando especificamente questões femininas.

Não são obras para serem lidas como os livros normais, com exceção da introdução. A descrição e análise dos sintomas é uma fonte de pesquisa, ajudando o leitor a compreender determinada doença. Então, mãos à obra!

QUARTA PARTE

Nossa humanidade

17
A condição humana

Naquele movimento de descida encontramos novos temas, que por sua vez abrem a novas questões. Todo sintoma esconde uma verdade, mas essas verdades que encontramos, quando assumidas, dão lugar a novas verdades, cada vez mais profundas, a respeito de nós mesmos.

Contudo, em algum momento perguntamos: Há uma verdade que não revela nada por debaixo, apenas é? A resposta é sim, porém sua aplicação não é tão fácil como parece. Vejamos isso com mais detalhe.

Os sintomas são as pistas para irmos pra dentro até chegar naquilo que chamamos de CONDIÇÃO HUMANA, ou seja, aquilo que simplesmente é, que nos caracteriza essencialmente, e por isso precisa apenas ser aceito!

Isso não contraria a ideia de autodescobrimento como um constante devir, porque a condição humana não é algo estanque, fechado e definitivo. É uma verdade inquestionável, mas que precisa ser constantemente conhecida, investigada, percebida por diferentes dimensões.

Em termos teóricos é como se disséssemos que não há mais para onde descer, pois nossa condição humana não é sintoma, e sim o que somos. Mas a busca não tem fim, pois não nos parece possível acessarmos e vivermos toda a nossa humanidade.

Somos humanos mas nos debatemos o tempo todo, como se quiséssemos provar o contrário, como se evolução tivesse a ver com o distanciamento dessa condição *sine qua non*. Muito do que é considerado belo, adequado, valoroso na sociedade, é a negação da nossa condição humana. O criativo, o espontâneo, a sexualidade, a agressividade, os sentimentos e as emoções, tudo isso tenta ser sobrepujado pela disciplina, pela lógica, pelo controle, pela aparência e pelo exterior.

Por que será que fomos nos afastando da nossa real condição, forjando realidades, embelezando artificialmente e escondendo isso que é comum a todos?

Somos humanos! Isso é uma das poucas verdades inquestionáveis do Universo.

Ao longo da minha experiência em consultório, aulas, estudos, cursos e grupos, fomos chegando a essa conclusão de que a maioria dos nossos sintomas, após analisados em mais profundidade, revelam um *ego* tentando negar essa dura verdade: somos humanos e precisamos aprender a viver como tal.

Possivelmente isso seja difícil de ser assumido porque o reconhecimento da nossa condição humana desbanca o *ego* de seu pedestal, arrasta-o do mundo de fantasias e lhe coloca no lugar certo, no chão da vida. Deixa de se sentir rei, maior, acima. E da mesma forma, também o tira da condição de monstro, de menor, de abaixo, que muitos sentem, quando são postos frente a frente com seu humano.

Nos quadros de depressão, de alcoolismo, de ansiedade e de pânico, de compulsão sexual ou alimentar, reconhecemos sempre algo do humano que está sendo negado. Isso não é propriamente uma teoria psicológica, mas uma forma de compreender como intensificamos nossos sintomas ao querermos ser diferentes do que realmente somos.

Os transtornos mentais são interpretados de diferentes formas pelas diferentes linhas da psicologia, cada uma com sua parcela de verdade. Sendo assim, não queremos oferecer uma outra forma de interpretação, mas acrescentar a essas a negação do elemento humano como forma de intensificação dos nossos sintomas, ou seja, queremos explicitar que, independentemente da gênese, cada transtorno ou vício moral pode ser percebido também como uma estratégia do *ego* para esconder aquilo que o ser realmente é.

Isso caminha da direção da colocação de C.G. Jung de que *"Só aquilo que somos realmente tem o poder de curar-nos"* (JUNG, 2014, § 258). Quando somos o que somos, nos curamos, porque nossos sintomas são a consequência da negação do que realmente somos.

As faces da condição humana

Quando afirmo sobre a condição humana, creio que muitos leitores têm dificuldade em compreender. Isso porque nos desumanizamos tanto, fugimos tanto de nós mesmos, que perdemos as referências. Nas atuais conjunturas, ver alguém chorando constrange a todos, como se esse ato genuinamente humano devesse ser anulado, do mesmo modo que o afeto tem sido escondido e a espontaneidade tem sido anulada.

Quero oferecer aqui alguns exemplos da condição humana, de onde eu a enxergo. Mas isso não é um quadro teórico, pronto ou fechado. São apenas reflexões das muitas possibilidades desse encontro que acontece dentro de cada um de nós.

Vamos começar pela fragilidade.

Se existe algo de muito humano que não podemos fugir é disso: O SER HUMANO É FRÁGIL. Alguém tem dúvida disso? Embora não, a maioria de nós tenta não ser, como se o forte, o duro, o trator ou o tanque de guerra fossem mais bem aceitos. Se somos frágeis, por que alimentamos tanto essa loucura de ser durável, sólido, estável, imperecível, que suporta tudo, que dá conta de tudo, que não se rende ou se dobra a nada?

Essas atitudes de não ceder, suportar, não reclamar e se superar o tempo todo são condutas associadas aos homens nobres. E aqui cabe um outro parênteses: quem disse que temos que ser nobres? Será que os homens que foram verdadeiramente nobres decidiram ser, tinham isso como meta, ou simplesmente eram o que eram?

Mas voltando ao nosso tema, fragilidade está associada a inferioridade, a incapacidade, menos-valia. Fragilidade é mais facilmente associada às mulheres, até porque o feminino tem essa conotação de inferior para muitas pessoas e culturas.

Por essa via, quando alguma experiência nos convida a entrar em contato com a fragilidade, recusamos, sob discursos estoicos, maduros, disciplinados... Tentamos, até o último minuto, ser fortes, duros e resistentes. Mas para mim, há no mínimo ingenuidade, de querer ser isso sem saber o que há por dentro de si – são apenas máscaras, preocupação com aparência, exigência descabida de transformação interior, decorrente das consequências de não ser quem realmente é.

Essa postura está muito presente nos casos de Síndrome de *Burnout*, por exemplo. O assédio não denunciado vai se transformando em trauma. Mas o trauma de muitos decorre do ser exposto a uma situação difícil de ser processada, porque foi demais para ele. Um sujeito que quis convencer a si mesmo que estava dando conta, que não ia se abalar, até que a alma "espanou". Uma crise nervosa, um choro convulsivo ou um ataque de pânico são possíveis caminhos que o *Self* encontra para fazer o sujeito parar de enganar-se e entrar em contato com essa verdade: somos humanos, com limites, frágeis.

Alguns ainda disseram: "*Justo naquele momento onde estava indo tão bem*", ou "*Era meu melhor e mais alto momento*", com destaque, com tanta beleza, vem o inconsciente e dá um tropeço violento a dizer: "*Vamos parar com essa palhaçada! Você não é isso aí*".

Somos tão frágeis que a qualquer momento nos desequilibramos na rua, batemos a cabeça no meio-fio e morremos – tudo acabado. Somos a espécie que mais precisa de cuidados após o nascimento, com maior dependência dos pais, quando não, depois, dos filhos e dos netos. Mas mesmo assim queremos nos bancar de fortes, de autossuficientes.

Esses exemplos se misturam com outra manifestação da nossa condição humana.

O SER HUMANO É DEPENDENTE. Dependemos uns dos outros, na maior parte do tempo, e mesmo na idade adulta é praticamente impossível viver sozinho. Então, por que insistimos em acreditar que a autossuficiência é bonita e deve ser buscada a qualquer custo?

A dependência é vista como um problema, e certamente há níveis dela que caracterizam determinadas psicopatologias. Mas ter essa característica como um problema é cair num extremo.

Esse medo da dependência impede de nos entregarmos nas relações, sejam sexuais ou afetivas, como se a nossa natureza fosse individualista e se vincular a alguém fosse a deturpação da nossa verdade. Não creio nisso.

Há inúmeros elementos a serem melhor considerados, como para quem se entregar, de quem depender e do que depender. Entregar-se a pessoa errada, vincular-se a quem não nos valoriza ou respeita, depender de questões que poderiam ser providas por nós, sim, isso são problemas. Mas qual espaço damos para essa característica no cotidiano? Quanto desse depender é reconhecido e vivido em nossas vidas?

Quem não se permite viver a dependência também não vive relações mais profundas, afinal, como se entregar para alguém sem reconhecer isso? Reconhecer que precisamos do outro é o reconhecimento da dependência como característica humana. E seria possível vincular-se de modo significativo sem esse reconhecimento? No outro extremo estão os que não dependem de ninguém, e por isso mesmo não se vinculam a ninguém.

Não querer depender talvez sinalize nosso medo de solidão, de abandono. E daí já estamos de braços dados com esse outro tema: a solidão.

A SOLIDÃO É CONDIÇÃO HUMANA. Somos seres únicos e, ao mesmo tempo que dependemos uns dos outros, não há como fugir da solidão. Mesmo tendo o mundo a nossa volta, as dores e as suas alegrias serão vividas interiormente, na solidão, que não pode ser anulada por ninguém. É possível compartilhar algo, mas ninguém pode estar dentro de nós, compreendendo exatamente o que sentimos ou vivemos. Dá para tentar camuflar por um tempo, se entreter, mas em algum momento esse sentimento chega, inevitavelmente, porque é nossa condição.

Por esse medo, algumas pessoas se casam. Não querem ficar sós. A maioria sai da casa dos pais para se unir no casamento, sem nunca ter vivido um momento de solidão física. Mas a vida lhes pôs frente a isso, e se sentem sozinhas mesmo no casamento, numa outra presença, e se não sabem lidar com isso, começam novos problemas no matrimônio. Vemos pessoas que esperam que o outro preencha seus buracos, façam se sentir plenas, fazendo o que querem ou compartilhando todos os momentos juntas. Por um instante parece linda a conexão, mas com mais detalhes vemos o medo imenso da solidão e a incapacidade de suportar os sentimentos que decorrem dela.

Por outro lado, existem aqueles que não querem se casar. Parecem autossuficientes, mas na verdade muitos estão fugindo de outra faceta humana. Para não correr o risco de rejeição, preferem não se arriscar nas conexões, nas tarefas, nos cargos ou em qualquer lugar que possam se descobrir dispensáveis.

Esse é um outro importante ponto: o SER HUMANO É DISPENSÁVEL, beirando a insignificância. Queremos pensar que somos muito importantes, essenciais em alguns lugares, mas com um pouco de atenção constatamos que estamos errados. O cabeça da instituição é substituído facilmente. Talvez a ausência causará certos danos no início, porém em mais ou menos algum tempo tudo se reorganiza. Às vezes a instituição fecha, ou muda. Mas fato é que a vida continua e todos sobrevivem. Até as mães, que tendem a se achar essenciais, dolorosamente precisam assumir que não são. Todos sobrevivem, mesmo sem mães. Alguém cumpre com aquele papel e as coisas fluem. É claro que ter uma boa mãe torna o caminho mais fácil, mais aconchegante, mas essencial mesmo ninguém é.

Todos os dias casamentos são destruídos e as pessoas se recompõem depois de algum tempo. Amigos se deixam, mudamos de emprego, vivemos mortes e transformações num movimento incessante chamado vida.

Há que se fazer uma observação: Quando há um rompimento e não há superação, vemos bem, não foi por causa do outro – indispensável. Explico-me melhor. Algumas pessoas não conseguem continuar a vida por uma questão pessoal, pela dificuldade de lidar com as mudanças, com o se encontrar com uma nova imagem. Não é que o outro era indispensável. Isso é consequência daquele sujeito que não consegue ver a fluidez da vida e se adaptar às mudanças que ela traz. Mas essa sua característica de inflexibilidade, de rigidez, que apareceu agora, apareceria de qualquer outra forma, sendo apenas uma questão de tempo.

Isso me reforça a afirmar que o SER HUMANO É PEQUENO. Que mania é essa de grandeza? Mesmo os grandes feitos são o somatório de muitos pequenos. Somos uma sociedade, uma comunidade, crescendo juntos. Não há nada de um que esteja completamente desconectado do outro para ter motivo de se achar acima da média, grande, importante. Há uma bela imagem trazida por Isaac Newton, referenciando a grandeza da história que lhe antecedeu, ao dizer *"Se eu vi mais longe, foi por estar sobre ombros de gigantes"*[5].

Que lindo isso! Talvez existam gigantes, pessoas que marcaram a humanidade de uma forma singular, num tamanho desproporcional. Mas se perguntarmos a elas se objetivaram ser isso, se escolheram ser grandes, a sua maioria nos responderá que não – apenas fizeram o que tinha que ser feito. Ou seja, não estavam fugindo da pequenez, como muitas vezes tentamos fazer. Queremos ser gran-

---

5 A wikipédia afirma que esse conceito tem origem no século XII, e é atribuído a Bernardo de Chartres.

des porque não suportamos a pequenez humana. Para eles, não foi assim. Eles simplesmente eram o que eram.

Então é isso, somos dispensáveis, pequenos, não tão importantes quanto imaginávamos; frágeis, dependentes, mas nenhuma delas sozinha é capaz de resumir a condição humana.

E mais, também não representam o humano em sua totalidade. Embora o ser humano seja frágil, esse mesmo ser é capaz de se superar e fazer coisas inacreditáveis. Isso não anula o fato de ele ser frágil, como também não o define por inteiro. O mesmo acontece com a dependência ou a solidão. Vale a pena considerar que somos VINCULARES, como parte da condição humana, como algo que vai além da dependência ou da solidão que precisa ser vivida de modo digno. Do mesmo modo que o corpo precisa das relações para sobreviver, das trocas, parece que a psique necessita do contato. Não somos lineares, exatos, às vezes somos até contraditórios, porque somos humanos.

Essa necessidade de vínculo fala do ser gregário. E quando tentamos negar isso, somos arrastados ao contato com o outro, seja pelo sexo ou por outras artimanhas da vida. Muitas pessoas estão buscando mais do que o gozo da ejaculação. Buscam o gozo do ser visto, do prazer de ser para alguém, de estar numa presença e de ser presente, mas se permitem isso apenas por trás do sexo.

Disso caímos na imperfeição como condição humana. Quem vai discordar que o SER HUMANO É IMPERFEITO? Mas ao mesmo tempo, quem consegue conviver confortavelmente com essa ideia? Fugimos da imperfeição por diferentes motivos, e um deles é porque num mundo de hipocrisia ser imperfeito é o risco da rejeição, do abandono ou da solidão. A grande maioria de nós tenta camuflar suas imperfeições e alguns conseguem com mais precisão do que outros, mas no fundo todo sujeito que olha para dentro sabe que é imperfeito, e vai ter que conviver com isso até o fim. Perfeccionistas, exigentes, controladores, obsessivos, todos com a mesma busca, ou poderíamos dizer com a mesma patologia de querer não ser humano. E você consegue perceber como essa condição humana está completamente amarrada, uma na outra, não deixando brecha para fugirmos: somos humanos, somos tudo isso, e está tudo bem!

Por fim, não temos por objetivo fazer uma lista determinando o que é condição humana e o que é sintoma. São reflexões a respeito de mim e de você. Então, o essencial é que recordemos que há elementos que são sintomas, verdades momentâneas, que, embora precisem ser assumidas, assimiladas e vividas, revelam algo mais profundo por de trás. E sob essas, existem verdades absolutas que se materializam na condição humana. Quando nos deparamos com elas, elas nos modificam de uma maneira profunda e estrutural, e isso é a transformação de dentro para fora.

Ser humano é mais gostoso

Quero compartilhar um texto que escrevi quando estava fazendo os vídeos do programa "Vai pra dentro!", numa necessidade de dizer: Para! Aonde você quer chegar? Para quê? É tão bom ser "ser humano".

Condição humana, por Marlon Reikdal

Quem foi que começou essa história de demonizar a condição humana? Quem criou essa teoria que nos fez acreditar que ser humano é inferior, que precisamos nos livrar disso e ser algo mais ou melhor?

Ser humano é algo tão mais jeitoso, confortável, aconchegante.

Pensa comigo, quem faz a guerra não sabe que é humano, não sabe que erra e não dá direito ao outro de errar. Os supostos representantes de Deus se acham a ponto de quererem decidir o futuro das nações, da humanidade.

Aquele que desmata, polui e corrompe o planeta, esqueceu que é humano. Não se vê como parte, acha que está acima, que é mais, e por isso pensa que pode usurpar, usufruir sem nada oferecer, até que a natureza se faz ouvir e bota todo mundo no seu lugar, como fez com um tal de coronavírus.

O humano se cuida mais porque sabe que adoece. O que não acha humano não reconhece os próprios limites, produz muito, dorme pouco, come qualquer coisa, se entope de remédios para fingir que não tem nada acontecendo e mal sabe o que lhe aguarda ali na frente. Se soubesse que é humano, trabalharia menos, daria menos valor ao dinheiro, valorizaria mais o tempo e os vínculos e entenderia que o verdadeiro prazer vem do sentir, do viver legitimamente sua condição.

O humano de verdade não precisa de drogas e nem de álcool, nem de muitas festas, porque isso tudo pode fazer o homem esquecer do que tem lá dentro e não quer aceitar. Medos, dores, frustrações, desejos não atendidos. Mas pense: não seria melhor sentir tudo isso, que faz parte da vida, e dar lugar a elas como experiências? Só sofre com esses sentimentos aquele que quer fingir que é forte, que dá conta de tudo, que tem que estar bem o tempo todo. Quando entende que a coisa não é assim tudo fica mais fácil, fluido, mesmo com o vazio, mesmo com a dor, afinal, isso é muito humano.

O humano perdoa. Perdoa porque sabe que erra. Perdoa porque reconhece que é falho, pequeno, imperfeito. E quem tentou nos convencer de que isso é feio?

Para mim, feio é não admitir, não pedir desculpas, achar que não falha nunca. Nossa, que difícil de conviver com alguém assim, e que pesado deve ser tentar manter essa imagem o tempo todo.

O humano compreende, porque, sendo humano, sabe que não é máquina, que as coisas não são todas previamente planejadas e executadas como um sistema computacional. Como ele é assim, se vê assim, aceita que o outro também seja. Hoje faz, amanhã pode não conseguir, num dia está melhor e no outro pior, porque é humano, e tem vontades, muda, vive diferentes momentos que precisam ser respeitados.

Não parece mais leve perceber que a vida é este vai e vem, entre altos e baixos, num movimento humano sem fim...?

Não consigo entender que graça tem ser tão certo, tão exato, tão previsível, tão coerente, tão duro, tão cinza. Eu prefiro o colorido, o irregular, o novo, o diferente que aguça a mente, que dá asas à criatividade, mesmo que para isso pareça confuso.

Humano tolera! Tolera porque entende que é frágil. Ou seja, quando a coisa aperta, ele sabe que espana. Espana porque não é ferramenta de aço, é humano. E se vendo frágil, reconhece a fragilidade do outro, e por isso não pega pesado demais, nem consigo, nem com os demais, seja esse outro quem for, porque somos todos da mesma matéria: humana.

Quem foi que criou esse discurso de que tem que ser alto e impecável para ser valorizado, visto, aplaudido, se a coisa acontece aqui embaixo, nos tropeços da vida, no cair e levantar, no escrever e apagar, no fazer e refazer, bem humano?

Vou dizer uma coisa... quem acha que está lá em cima sequer ama, pois não tem como ter relação humana de verdade. Quem quer ultra-

passar o humano se põe intocável, seguro demais, forte, num alto que parece privilegiado e melhor, porque disseram que o baixo é pequeno, e o pequeno é feio...

Quem pensa que está lá no alto, acima do humano, talvez leu mais livros, tem mais cursos, viajou mais, e aparentemente não tem problemas. Mas que graça tem, repito, ter tudo isso, se a vida de verdade acontece aqui embaixo?

Lá de cima não dá para fazer sexo nem dar risada gostosa porque naquela distância dá apenas para usar o outro para seu próprio prazer. Quem fantasia que está lá precisa de uma televisão ou da internet para se satisfazer na pornografia, que é o consolo daquele que abandonou sua humanidade, ou do humor ácido e irônico, que fere porque não sente que pode ser aconchegado por um outro alguém.

Lá não precisa sentir o odor do homem. Não há esse tipo de constrangimento, como por certo também não pode sentir o prazer verdadeiro das conquistas que se dão no chão da simplicidade humana, no sorriso espontâneo da criança, no rolar engraçado do cachorro, ou no canto singelo dos pássaros.

No baixo tem faltas e a gente pode falar delas. Não tem troféu, até porque não tem pódio. Estão todos no mesmo nível, do mesmo jeito, no mesmo caminho, por isso não há nem competição, nem ganhadores e nem perdedores, todos humanos.

Quem fez a gente acreditar que tinha que ser igual, que tinha que esconder as diferenças? No mundo de pés no chão não há melhor ou pior, mais ou menos porque não há como comparar... um é diferente do outro, e isso torna tudo tão rico, tão belo, tão interessante.

Humano, porque é pequeno, aprende. Deram o nome de burro, de ignorante. Mas não sei de onde vieram essas colocações, porque humano é aquele que aprende, sempre e sem fim... e que bom que é aprender. Como concluímos que ser aprendiz é feio, e que bonito é saber tudo, como uma enciclopédia? O que já sabe exige, dá aula para o mundo, impõe, avalia, se faz "professor de Deus"... Quem não sabe, ouve, presta atenção, enxerga o outro e reconhece naturalmente o que precisa aprender. É tão mais suave...

O humano que sabe que é humano é dependente, e por ser dependente reconhece que faz parte de um sistema, de uma coletividade onde ele é uma pequena parte. Se algo dá errado no mundo, se sente envolvido nisso. Fica penalizado verificando o que pode fazer para contribuir. O outro, aquele que se diz superior, quando percebe que alguém errou, julga. E porque crê que sabe, tem opinião para tudo e diagnóstico para todos. Se algo indicar que não sabe, cresce ainda mais, se impõe, constrange, mesmo que isso tome tempo dos seus afetos, do seu descanso, porque esqueceu que era humano... então, não pode dizer "não sei". Também não pede desculpas, pois só fala "sorry" quem erra.

Criações imperfeitas são descartadas... Imagina que pavor... o humano não sofre desse medo de ser descartado. Não cogita ser perfeito por nunca ter se coisificado.

Humano de verdade não sofre por não ser amado por todos, porque, como humano que é, sabe que cada um tem gostos, jeitos, e entende que uns cabem melhor do que outros, e tudo bem porque ele também não gosta de todo mundo, e sabe que há espaço para todos.

Gente, quem fez esquecermos que era tão bom ser humano, tão mais fácil, tão mais leve?

Tudo bem. Agora não é hora de querer achar uma justificativa porque todos temos nossas contribuições, para o certo e para o errado, pois somos humanos. E por reconhecer quanta coisa errada eu também já fiz, nos tropeços da minha vida humana, quero agora tentar te fazer um agrado, porque isso é do ser humano.

Minha palavra para ti é de incentivo: tenta!

No início parece ruim, dá uma coisa estranha... Mas agora já dá para entender que por querer estar lá em cima é que tudo desandou. Vaidade, orgulho, inveja, cobiça, culpa, gula e estresse, isso tudo é problema de memória, memória sim. É o esquecimento de quem verdadeiramente é.

Vamos juntos tentar descer um pouco mais, ficar embaixo, sem medo ou vergonha, como humanos que somos, sem precisar ser mais, melhor, acima de ninguém, pois tudo isso é produto da ilusão.

Não sou dono da verdade, porque sou humano, mas quero te pedir que acredite em mim. Ser humano é mais gostoso, e mais do que isso, ser humano é o que existe de mais divino para o homem que vive na Terra!

Amor ao inimigo

Quero trazer um texto que fala por si só, perturbador um tanto porque parece que inverte uma ordem que construímos até aqui...

> "Que eu faça um mendigo sentar-se à minha mesa, que eu perdoe àquele que me ofende e me esforce por amar, inclusive meu inimigo, em nome de Cristo, tudo isso, naturalmente, não deixa de ser uma grande virtude. O que eu faço ao menor dos meus irmãos é ao próprio Cristo que faço. Mas o que acontecerá se descubro, porventura, que o menor, o mais miserável de todos, o mais pobre dos mendigos, o mais insolente dos meus caluniadores, o meu inimigo, reside dentro de mim, sou eu mesmo, e precisa da esmola da minha bondade, e que eu mesmo sou o inimigo que é necessário amar?" (C.G. Jung. *Obras Completas* – XI/6, § 520).

Essa colocação me faz lembrar de Nietzsche e de todas as críticas que faz ao cristianismo, afirmando que o único verdadeiro cristão foi aquele que morreu na cruz. Entendo que faça essa colocação no sentido de afirmar que a maioria das pessoas não compreendeu a proposta de Jesus, e fez dos discursos dele formas de castração, negação de si e automutilação que o Cristo não exemplificou em qualquer momento.

Isso é uma revolução no pensamento de muitos cristãos que tem como meta a negação de si, a anulação e a ausência do desejo como caminho de "salvação". Para Nietzsche, Jesus era tão cheio de si que tinha o que ofertar às pessoas.

Nesse sentido, minha proposição é para que pense como está seu amor a si mesmo, como tem se nutrido, se alimentado de si mesmo.

Agora você já tem elementos suficientes para diferenciar o que é alimentar o *ego* e o que é alimentar as suas verdades e quem você verdadeiramente é. Certo que não temos certeza de que parte estamos cuidando, mas já temos as dúvidas e os questionamentos que nos levarão sempre a um lugar mais seguro.

Como você tem se relacionado com o inimigo que está dentro de si? O que está construindo aí dentro, e, decorrente disso, o que você realmente está cultivando que lhe permite ofertar ao seu próximo?

18
As consequências da fuga de si mesmo

Quando uso a expressão "condição humana" tenho a intenção de reforçar o que nos caracteriza como humanos, aquilo sem o qual não somos quem somos. É um condicional, ou seja, é algo sem o qual não se existe – ou como aprendemos com as psicologias profundas, sem o qual o sujeito precisa pagar um preço muito alto para existir.

Dessa noção, transpus o raciocínio para pensar os transtornos mentais. Sem querer ser reducionista ou desprezar as grandes teorias que explicam a dinâmica psíquica desses transtornos, o que fiz foi trazer para o dia a dia, de forma simples, aquilo que pode ser entendido por todos. Não quero também reduzir todos os fenômenos a essa análise, mas acrescentar às diferentes leituras mais um viés que contribua para a pessoa que deseja aprofundar o olhar em si mesma.

Se a busca por si mesmo nos leva ao encontro, ao bem-estar, ou, nas palavras de Jung, à plenitude, então a fuga de si mesmo, a negação da condição humana, pode ser vista como base ou catalisador dos transtornos mentais e dos vícios morais. Não é uma afirmativa de que isso é a causa daquilo, até porque o fenômeno humano é por demais complexo e multifacetado para ser explicado por uma ou outra determinada forma. A depressão, embora tenha o mesmo nome para milhões de pessoas, é vivida de forma singular; pode ser explicada por diferentes teorias e ser a combinação de inúmeros fatores, conhecidos e desconhecidos, para as ciências atuais.

A aplicabilidade da noção de condição humana é para o cotidiano, ou seja, para nos olharmos a cada dia um pouquinho mais. Não é um caminho diagnóstico, e sim um critério ou uma ferramenta para favorecer o processo de autodescobrimento. E por isso, para concluir meu raciocínio, quero trazer a reflexão para aquilo que permeia muito da cultura ocidental: os "pecados".

São esses os temas que mais debatemos na nossa cultura, e que vemos muitas pessoas tentando se explicar por aí, como se eles fossem uma instância em si, causadora de males, e por isso precisam ser extirpados. As pessoas tentam se definir a partir desses comportamentos, ao dizer *eu falei isso porque sou orgulhoso*, ou *a inveja dela que lhe fez agir dessa forma*.

A noção de pecado que predomina no discurso atual é um tanto desfavorável ao processo de autodescobrimento. Se o "problema" vem de fora, temos que combatê-lo a todo custo, nos livrando dele como alguém que abate o inimigo e então encontra conforto e paz. E alguns vão mais além, dizendo que para ter segurança de que ele não volte é preciso desenvolver as virtudes, como se elas fossem a proteção ou mantivessem o indivíduo imune ao mal, estimulando a postura de tentativa de transformação de fora para dentro.

Essa abordagem que ainda predomina no nosso inconsciente ocidental, independente de religiosos ou não, não tem fundamento psicológico. Ela tem sua base no pensamento medieval, da culpa, da punição, do céu e do inferno, do mundo dividido entre bons e maus, entre os que cumprem as "regras" e terão um "bom futuro" e os que as descumprem e sofrerão por isso.

Mas quem mesmo definiu que essas eram as regras? Quem disse que é assim ou assado o melhor proceder? Esse discurso que permeia a maioria das religiões ocidentais conflita diretamente com a figura de Jesus Cristo, na qual aqueles discursos se baseiam. Jesus foi uma figura histórica que quebrou com muitas regras, criticou as posturas totalitárias, desconstruiu discursos instituídos, como um verdadeiro rebelde para a época, tanto que termina crucificado entre dois ladrões.

Esse pensamento medieval, de medo, de insegurança por ser quem somos, como se precisássemos nos esconder para nos proteger... essa postura infantil de atender expectativas e ordens externas, como se estivéssemos submetidos a um pai mau, castrador e impositivo que nos ferra ao primeiro deslize, não tem fundamento psicológico.

A psicologia já mostrou que o suposto pecado não vem de fora, muito menos estamos numa guerra entre o bem e o mal. Pecado e virtude não são simples comportamentos para que um combata o outro. Entendemos que eles são a mesma energia, direcionada pela verdade ou pelas ilusões egoicas, afinal, a mesma força que leva o orgulhoso a se impor ou não aceitar críticas é a que leva alguém a ser cuidadoso com uma apresentação e fazer um trabalho belo para ser apreciado. A energia que enlouquece o avaro é a que organiza a vida do previdente, e a mesma vibração que move o vaidoso está presente no belo – a diferença não é uma questão de intensidade, mas de direção, ou, poderíamos dizer, de estar a serviço de uma instância saudável ou adoecida.

Se somos impulsionados pelo *ego* adoecido, focado na aparência mais do que na essência, o comportamento será "belo", mas com uma intenção "demoníaca", de ser valorizado, de ser aplaudido, no sentido egoístico ou vaidoso. E, por vezes, comportamentos "feios" como os que Jesus teve, expulsando os vendilhões do templo, podem ter uma intenção divina, de fazer com que a verdade se cumpra.

Com isso, quero argumentar que a questão não é de conduta, mas de intenção. Não é do campo do comportamento, mas daquilo que impulsiona determinado comportamento, como a mãe que é "boazinha" por medo de não ser amada pelos filhos, ou por interesse, frente àquela outra que é "firme" porque está mais preocupada com o estabelecimento de limites e de oferecer bases claras aos seus rebentos.

Claro que a busca pelo belo pode ser algo legítimo, verdadeiro e bonito, se estiver conectada com a realidade existencial do sujeito, com suas verdades. Do mesmo modo, a energia sexual, que conduz o sujeito à comunhão, como algo maravilhoso e plenificador, quando mobilizada por um *ego* autocentrado que deseja o gozo para preencher seus buracos, torna-se egoísta e compulsiva.

O caminho, nessa perspectiva, não é de mudança comportamental, mas de compreensão mais profunda das bases nas quais aquela energia se sustenta e é direcionada no sujeito.

Trouxemos os "pecados", que para nós são, em realidade, as energias, os impulsos legítimos e necessários de um inconsciente se pronunciando, mas que quando são direcionadas por um *ego* arbitrário tornam-se verdadeiros tormentos para o homem.

Segundo Succi, na Bíblia, os pecados capitais são: soberba, avareza, luxúria, ira, intemperança, inveja e acídia. De acordo com a Suma Teológica de Tomás de Aquino (2001, p. 66), os sete seriam: vaidade, avareza, inveja, ira, luxúria, gula e acídia. Para outros teóricos do pecado, a soberba é tomada pela vaidade, a gula pela intemperança e a preguiça pela acídia. Na *Divina comédia*, de Dante Alighieri (1981), os sete pecados capitais estão representados no purgatório composto por sete círculos. Por ordem, o primeiro andar seria dos soberbos; depois, os invejosos; no terceiro, os iracundos; no quarto, os preguiçosos; os avaros e os pródigos; no sexto, os gulosos; e por último, os luxuriosos.

Não vamos tratar exatamente de todos porque alguns desses temas já foram mais expostos do que outros ao longo do texto. Mas queremos ampliar horizontes.

Nossa afirmativa é justamente que a não aceitação da condição humana, direcionada por um *ego* adoecido, é catalisadora desses comportamentos que chamamos de pecados, nos motivando num caminho oposto e nos mantendo naquele ciclo vicioso.

Ofereço aqui mais uma possibilidade de sentido para esses sintomas tão comuns, tão falados, tão presentes, e ao mesmo tempo tão combatidos na nossa sociedade.

Orgulho

O *Dicionário Houaiss* define orgulho como "*Sentimento de prazer, de grande satisfação sobre algo que é visto como alto, honrável, creditável de valor e honra; dignidade pessoal, altivez*".

O dicionário da Unesp define como "*1) Amor-próprio; brio; 2) Honra; ufania; 3) Soberba; vaidade; 4) Aquilo que é motivo de honra; alegria; satisfação*".

O sujeito do orgulho, que somos quase todos nós, tem dificuldade em lidar com críticas como se ao identificar um erro o seu valor fosse atingido. Certas pessoas atacam. É certo que na sua mente elas estão contra-atacando, porque a sinalização de uma imperfeição é para elas um ataque. Mas que raios é isso de interpretar a crítica como ataque para precisar se defender? O que estamos querendo provar? Ou melhor, o que estamos querendo esconder?

É perceptível que o orgulhoso quer se provar perfeito, ou, dentro da nossa abordagem, o orgulho quer esconder a imperfeição humana. É como se a imperfeição fosse algo inaceitável, que precisasse se livrar a qualquer custo. E isso faz com que alguns se livrem inclusive de relações, no sentido de que é mais fácil lidar com um rompimento do que suportar se ver imperfeito.

Sua dificuldade de aceitação às críticas, seu comportamento autoritário, às vezes até desrespeitoso com os demais, passando por cima de colegas para obter prestígio ou consideração de seus superiores, pode declarar sua fragilidade. Em muitos orgulhosos vemos o receio de ser posto de lado, de ser dispensável, desejando, assim, impor um valor que no fundo sente ele mesmo não ter.

Nunca será demais reforçar que, para além do comportamento aparente, estamos falando do estado da alma, ou seja, daquilo que muitas vezes não somos capazes de enxergar em nós mesmos. Não é fácil para o próprio sujeito, em sua análise de si mesmo, enxergar esses elementos, que estão inconscientes, necessitando, na maioria das vezes, de acompanhamento especializado para conseguir perceber-se por detrás dos discursos egoicos e das histórias que sempre contamos para nós mesmos e para os demais.

Se o sujeito orgulhoso realmente se achasse tão importante ou valoroso, por que estaria em campanha a favor de si mesmo ou teria dificuldade de suportar a sinalização de suas falhas? Quanto maior for o desespero do candidato e o medo de perder, maior será o investimento na sua campanha. Se ele for capaz de fazer silêncio ao *ego* arbitrário e se abstrair dos movimentos de autopromoção e de imposição, será obrigado a ouvir os comunicados do *Self*. Deparar-se-á com esse mundo desconhecido que há em si e que é pejorativamente valorado pelo *ego* que só tem olhos para fora e para uma realidade inexistente que contraria a natureza humana.

Observamos, para além das ações orgulhosas, uma pessoa que sente dores e tem medos, e, por isso, se ofende e se machuca ao ser criticada ou desconsiderada, como se sua reação fosse a mesma de alguém que se defende de um dedo posto em sua ferida. Começa que ela mesma interpreta tudo que lhe tira do centro como agressão, ofensa, competição, quando nem sempre essa é a realidade concreta.

O comportamento maldoso é revisto como medo de ser abandonado, e a imposição quase cruel e arrogante, desvalorizando os demais, mostra o medo absurdo de ser pequeno, de não ter um lugar no mundo. E, talvez, uma fantasia de que, se for perfeito, grande, forte, terá prestígio, reconhecimento, será valorizado e desejado pelos demais – teria assim se livrado de sua condição tão humana.

Os perfeccionistas em algum momento até parecem virtuosos de tão dedicados que são. Muitos disfarçam, outros compensam e aí vai um número interminável de tentativas, desde o *look* impecável, passando pelo corpo perfeito até a apresentação ou o relatório acima da média. O receio de sentir-se só pode levar o sujeito ao exibicionismo, do mesmo modo que o mostrar-se forte parece provar um determinado valor (que nunca é sentido por completo pela própria pessoa).

Disso inferimos que quanto maior é o movimento impositivo, maior é o receio da sua humanidade. Afinal, a tentativa de se valorizar, como mecanismo de defesa egoico, é proporcional ao desvalor que carrega em seu inconsciente.

A questão que queremos evidenciar por trás de muitas atitudes orgulhosas é a negação da condição humana, como se isso lhe garantisse aprovação, títulos, aplausos, valores externos, numa conquista vazia que nunca será capaz de tranquilizar o sujeito porque o buraco é interno.

Queremos ser algo maior do que somos e com isso nos distanciamos da nossa verdade. A verdade é que somos pequenos, imperfeitos, e que não temos qualquer valor acima dos demais. Mas aquele que não conseguir suportar esse lugar, ao lado de todos, tentará arbitrariamente projetar-se acima, e a isso daremos o nome de orgulho.

Quando a condição humana é suportada não faz mais sentido a atuação para cima, a mais, de defesa, de imposição, e o orgulho, que é puramente um sintoma, começa a amenizar dentro do próprio sujeito. Não porque ele quis se fazer humilde, mas porque reconhece o seu verdadeiro tamanho e o seu verdadeiro lugar, e não precisa mais se debater para provar o contrário.

Vaidade

A vaidade é definida pela Unesp como: *"1) Forte desejo de ser admirado; 2) Ostentação; exibicionismo; 3) Avaliação muito lisonjeira que alguém tem de si mesmo; presunção; 4) Orgulho."*

Se a busca é pelo autodescobrimento, nossa pergunta é a mesma. O que há por trás da vaidade, desse sujeito que tenta projetar uma beleza? Qual é a verdade que ele ainda não entrou em contato e que está tentando negar?

Não estamos traçando regras e definições para julgarmos as pessoas. A proposta dessa seção é oferecer exemplos para ampliar percepções a respeito de nós mesmos, jamais de uma outra pessoa.

Sendo assim, podemos supor que o comportamento vaidoso é uma busca por uma beleza que não lhe cabe, um esforço para ter uma beleza a mais. E qual seria o móvel disso?

Cremos que, por não encontrar em si essa suposta beleza, o indivíduo vaidoso tenta promovê-la de fora para dentro. Talvez isso seja a sinalização da incapacidade de suportar a ideia de ser feio. Não que o feio seja necessariamente a condição humana, até porque bonito ou feio, como se diz no popular, é uma questão de gosto. Mas o que é certo é que o *ego* que está voltado para fora avalia a condição humana como algo feio.

Pode ser que o "feio" seja difícil de suportar justamente porque na nossa sociedade de aparência, todo aquele que está fora dos padrões imaginados de beleza sofre preconceitos, e muitas vezes é excluído. Mas da mesma forma, os diferentes caminhos levam à mesma conclusão que é a dificuldade de enfrentar a condição humana, de ser pequeno, imperfeito, dispensável etc.

Na vaidade, temos algumas pessoas mais silenciosas, outras mais declaradas. Alguns pelo materialismo, outros pelo falso espiritualismo. Há quem se envaideça da sua simplicidade, de "ter mudado", de agora não dar valor para o material. Esses são vaidosos do mesmo modo, mas agora se envaidecem de usar a roupa simples e baratinha. Acham-se mais bonitos por usarem aqueles anéis de coquinhos do que os que usam anel de diamantes, sem perceber que muitas vezes a busca continua sendo a mesma: destaque, reconhecimento, admiração, ou seja, vaidade! O que mudou em muitas pessoas foi apenas o critério de beleza, mas o funcionamento é o mesmo, como se estivessem numa vitrine para serem escolhidos por aquilo que mostram.

Esse movimento tornou-se mais e mais evidente com as redes sociais, onde nos colocamos nas "vitrines virtuais", tentamos mostrar o que temos de melhor, para que os outros nos apreciem, nos desejem, nos valorizem.

Já falei dos "vaidosos espirituais", que se envaidecem com seu "trabalho no bem", com "sua caridade", com a quantidade de livros que leem, com o tempo que meditam. Há os pseudossábios, que têm "frases inteligentes", de apropriação indevida, colocando em palavras simples os grandes pensadores num vale-tudo para tentar conquistar um lugar ao sol, um olhar admirado, uma sensação de ser importante. Afinal, para eles, a condição humana não é merecedora de amor, de respeito, de consideração – é preciso ser mais.

Veja que aqui corremos o risco de cair nos livros de autoajuda, dizendo que você tem que encontrar a sua beleza interior, seu próprio valor, descobrir no que você é bom. Mas não creio que esse seja o caminho mais adequado porque sempre o inconsciente estará sinalizado às "não belezas" que precisam ser reconhecidas e suportadas.

Os comportamentos vão se misturando, porque tudo isso é consequência da mesma nascente, mas queremos inserir nesse item os que se envaidecem pelos lugares de destaque, nas palestras, nos grupos, nas ONGs, coordenando algo, tendo algum tipo de poder, como se a isso fosse lhe atribuído um determinado valor, no qual se apoiam tanto que são incapazes de se distanciar desses lugares de poder ou destaque. Confundem-se dentro de si mesmos, como se fossem devotados a uma causa, sem perceber que a causa verdadeira é a promoção e a tentativa de valorização de si mesmos, por não suportarem a pequenez da vida, a simplicidade do humano.

Não quero dizer com isso que devemos nos afastar desses lugares, até porque esse tipo de atitude nenhum benefício traria ao desenvolvimento psíquico. A falta continuaria lá e o *ego* buscaria outras formas de compensação ou de fuga. A questão não é fazer ou não fazer, e sim pensar qual o sentido de estar fazendo, para que não nos distraia de qual são nossas verdadeiras intenções, nem para que exija aquilo que não merece.

O mesmo raciocínio deve ser aplicado ao desejo de transformação moral, pois atrás de muitas "intenções nobres" no discurso de ser uma pessoa melhor há uma vaidade silenciosa, um medo de ser "feio", de ser "inferior", como se o sujo estivesse se limpando para chegar ao final da caminhada bonito ou melhor que os demais, sem perceber quão egoico é esse desejo.

Ciúme

O dicionário da Unesp define o ciúme da seguinte maneira: *"1) Inquietação causada por receio ou suspeita de rivalidade no amor; 2) Inveja; despeito; 3) Zelo, cuidado".*

Trata-se desde a simples inquietação, decorrente das ocupações daqueles que são nossos objetos de desejo, até o domínio castrador e agressivo que atormenta quem o alimenta e machuca quem é alvo, exigindo reflexão e análise desse vilão.

Verificamos, no ciúme, um desejo de posse, como se o outro fosse uma propriedade nossa, devendo nos prestar contas e submeter à nossa supervisão suas escolhas, suas relações e a ocupação do seu tempo.

O ciumento geralmente tenta se mostrar como alguém forte, impositivo, decidindo sobre si e sobre o outro. Então, qual é a verdade que ele não quer ver a seu próprio respeito. Do que ele está se defendendo, ou qual a condição que quer esconder?

Geralmente o ciumento revela um medo de perder, de ser deixado para trás, de ser trocado. Estaria ele em contato com a sua condição humana, ou fugindo dela e tentando se fazer o centro da relação?

Claramente o ciumento é uma alma insegura querendo conquistar algo a força, como se fosse possível ter estabilidade pelas vias da imposição. Mas é fácil de ver, com um tanto de atenção e distanciamento, que no fundo muitos ciumentos não se sentem merecedores de serem amados, e por isso tentam "a força".

A ideia de não ter lugar, o medo do abandono, da solidão, da rejeição se faz tão grande e tão presente que as pessoas ciumentas ficam surdas e cegas em relação à sua volta. Mesmo quando ouvem as declarações do parceiro ou parceira, conseguem deturpar as informações, desconfiar de tudo e transformar em um problema até o amor, tamanho o desencontro interior.

Mexendo um pouco mais, vemos no ciumento um egocêntrico, mas que assim o é porque não consegue se enxergar no mundo. Todo egocêntrico, no fundo, vive internamente uma sensação de não ter lugar, de não ser importante, e por isso tenta se fixar. Mas a pergunta que vem é: fixar onde?

Existe uma centralidade saudável? Não parece que sim porque o próprio desejo de centralidade já é um adoecimento, uma tentativa de negar a condição humana, de ser importante, de ter estabilidade e permanência – mas nada disso é verdadeiramente humano.

Então, o que caberia aos ciumentos desse porte? Aceitar-se pequeno, imperfeito, e cogitar a possibilidade da solidão, do abandono, da instabilidade e de que a vida é movimento? Isso parece mais seguro, mais real, mais humano.

Quando o indivíduo começa a abrir mão do desejo de centralidade, começa a se relacionar de verdade com o outro. Até então, não enxerga as pessoas, porque está apenas em função das suas questões, utilizando das pessoas com quem se relaciona para não sentir o constrangimento da humanidade. Quando reconhece e assume sua condição, consegue começar a se abrir para o seu próximo, seja seu amor, seus amigos ou seus familiares. E mais, a partir desse reconhecimento, começa a estabelecer relações mais francas e profundas, porque é capaz de compartilhar das suas dores e dificuldades.

Veja que interessante, aquela pessoa forte, impositiva, controladora começa a dar lugar à pessoa frágil, dependente, pequena, e por isso, naturalmente, será mais afetiva, amorosa, ofertando o seu melhor para quem está perto de si.

Inveja

Segundo o dicionário da Unesp, inveja é: *"1) Desgosto ou pesar pelo bem ou pela felicidade de outrem; 2) Desejo de igualar-se a alguém; 3) Desejo violento de possuir o bem alheio; 4) Objeto de cobiça."*

O invejoso, nessa ótica de análise do *ego* exacerbado, por se colocar no centro, acredita que precisa estar sempre acima, sempre melhor, ser sempre mais, como se não houvesse lugar para quem está abaixo, fosse menor ou inferior.

Continuam as interrogações: O que há por trás da inveja? Qual verdade ele não consegue aceitar?

O *Dicionário Houaiss* define inveja como: *"sentimento em que se misturam o ódio e o desgosto, e que é provocado pela felicidade ou a prosperidade de outrem. É o desejo irrefreável de possuir ou gozar, em caráter exclusivo, o que é possuído ou gozado por outrem".*

Qual a dificuldade de suportar que o outro possa ser mais, senão o reconhecimento da própria pequenez? O pior sofrimento do invejoso é que ele sempre se avalia em relação ao outro, e especificamente, aos que tem mais do que ele. Não se vê alguém de comportamento invejoso se comparando com alguém que tem menos e se sentindo mais, feliz ou satisfeito com isso.

Há quem tente justificar, embelezar a conduta, dizendo que a inveja é uma admiração, uma valorização do que o outro tem, e que não há problema nenhum em desejar, se não for prejudicar o outro. Mas isso não faz o menor sentido, primeiro porque não estamos numa caça às bruxas, para precisar justificar condutas. Segundo que a própria definição de inveja já dá esse lugar de desgosto ou pesar, porque sempre há um comparativo na inveja, uma relação com o outro.

Claro que aqui retoma-se aquele mesmo item, onde o desejo de se livrar da inveja ou de embelezá-la pode ser a ação do *ego*, achando que, ao mudar, não se sentirá menor, pequeno, inferior, se admitindo invejoso. Contudo, não estamos aqui para ser ou não ser algo. Nossa busca é por assumir o que está acontecendo, e em cada situação tentar compreender o que há por trás.

"Não queria ser invejoso, mas sou". Esse é um tom de humildade que decorre do se descobrir... Você terá que engolir que é invejoso, e isso será profundamente terapêutico porque vai humildando, vai baixando a bola e transformando em humano, embora muitos interpretem como "humilhando".

Reconhece algo em si que não queria ser, é um convite para se suportar, depois que o *ego* abre mão da palhaçada de achar que é o dono do oceano. Aprender a suportar é extremamente transformador. Descobrir-se pequeno, naquela rolha frente à imensidão diminui a cobrança em relação a mim, e por consequência em relação ao outro, me transformando em uma pessoa mais paciente, menos impositiva ou exigente.

Quando somos movidos por esse *ego* arbitrário que se acha, lamentamos o triunfo do próximo, usamos da intriga ou da maledicência de forma descabida, aguardamos o insucesso daqueles que elegemos como adversários ou tentamos diminuí-los em suas conquistas, como se isso nos fizesse melhores.

Descobrir que alguém pode ter mais, fazer mais e ser melhor é como uma agressão para quem não aceita o menos ou o pequeno. Portanto, como reação à dor ou à sensação de rebaixamento e cobiça, deseja igualar-se.

Parece que na inveja, assim como no orgulho, há esse receio de ficar para trás, de ser deixado de lado ou ter menos importância para a sociedade, para um grupo ou para alguém em específico. Então, reagimos defensivamente, tentando diminuir o outro ou possuir o que ele tem.

Por não reconhecer essas verdades, o tempo e o lugar que cada um ocupa, sofre. Claro que tudo isso está ligado a essa sociedade competitiva que parece haver lugar apenas para um, para o primeiro, para o mais... e todos nós, no medo desesperado de sermos esquecidos, de sermos o segundo, e por isso não termos um lugar ao sol, desejamos nos igualar ao outro ou ter ainda mais do que ele.

Por não suportar a verdade do menos, do menor ou do pequeno, desejamos o que não é nosso e nem nos cabe. A loucura está em acreditar que se adquirirmos aquilo ou nos tornarmos daquele jeito, poderíamos esconder a verdade do real valor e tamanho que temos, de quem realmente é humano.

Avareza

A avareza é definida pela Unesp como *"Apego exagerado ao dinheiro; Sovinice"*. E o *Dicionário Houaiss* da Língua Portuguesa define como: *"1) Qualidade ou característica de quem tem apego excessivo ao dinheiro, às riquezas; 2) Falta de magnanimidade, de generosidade; mesquinharia."*

Acabamos por chamar a avareza de cuidado, preocupados com o dia de amanhã (que nem sabemos se chegará), e desenrolamos um discurso bem elaborado de segurança, investindo num carro supostamente mais seguro, na aquisição de bens que nos preservarão na velhice, colocamos dinheiro nos fundos de investimentos, na bolsa, nas ações, impulsionando condutas geradoras de alienação e desencontro pessoal, mas que ainda são bem-vistas e valorizadas socialmente se bem maquiadas.

Então, o que há escondido no íntimo do avaro? O que ele esconde de si mesmo? O que deseja compensar? Ou melhor, qual verdade está tentando sobrepujar?

Seria a sua pobreza, sua pequenez, compensada por alguém que tem muito, que pode muito? Disso questionamos: Será que pela ausência da verdadeira riqueza tentamos afoitamente lidar com essa falta, buscando a riqueza inverídica por que é mais fácil de ser alcançada? Ou será que o olhar pejorativo que temos para nós mesmos e para nossa condição humana faz com que enxerguemos a realidade como pobre, inferior, não merecedora de atenção, de relação e de possibilidade de vínculos legítimos, e por isso queremos ter mais?

Não me parece que o desafio é tentar achar as riquezas interiores. Vemos em muitos avaros que o grande desafio é suportar-se pequeno, talvez por toda a preocupação que isso implica: risco de solidão, de abandono etc. Mas perceba que lindo, afinal, ao se ver pequeno, pobre, simples, quem sabe consiga compartilhar do que tem, daquilo que lhe sobra, por entender que não há nada no mundo que vá lhe preencher os supostos buracos ou faltas que são interiores.

Somos sim pequenos, frágeis, inseguros, e que mal há nisso? Porque achamos que essas coisas precisam ser escondidas, superadas, se é a nossa realidade? Mal sabemos, muitos de nós, o quão transformador é poder descer desse pedestal ilusório que o *ego* materialista e autocentrado nos colocou.

Culpa

Embora não esteja nos tais pecados capitais, a culpa é um verdadeiro fantasma as*sombra*ndo a vida de muitos, desde os tempos antigos, e ainda se faz presente.

A culpa também está ligada ao desconhecimento de si, ou pelo menos, a não aceitação da sua realidade. Geralmente se culpa porque crê que não poderia ter errado. Mas quem criou essa teoria e nos fez acreditar nessa falácia?

É claro que essa concepção está fundamentada na expectativa de perfeição, de ser algo mais bonito e mais alto do que realmente é. O indivíduo do erro, imperfeito é a sua *sombra*, e ao vir à tona, seu castelo se desmorona. Por isso alguns preferem desmoronar o casamento ao próprio ideal e aceitar suas dolorosas verdades.

Quem acredita na possibilidade da perfeição, da sua onipotência e onipresença, ao se deparar com uma falha, com um erro, se culpa. Alguns se culpam pela educação dos filhos, por eles terem entrado nas drogas. Analisam como se a situação toda dependesse deles. *"Se eu tivesse sido um melhor pai meu filho não teria caído nas drogas".*

Certeza? Será que somos tão importantes assim a ponto de determinar a vida do outro? Não há centralidade e importância demais nas costas de uma só pessoa? E mesmo considerando os erros, seria plausível cogitar uma vida sem erros? Ou agora atendendo alguns, erraríamos em outras áreas?

Há os que se culpem pelo divórcio. É mesmo? A pessoa está numa relação a dois e tem só um responsável? Como podemos ter essa certeza? Ou será que aí também há culpa por um sentimento de centralidade? Como saber se não seria um distanciamento natural das almas que não estão mais conectadas, mesmo por afinidade, sem a necessidade de culpa.

Veja com isso que a culpa é produto do *ego* adoecido que conduz um senso de responsabilidade a um extremo patológico. É quase sempre um se colocar em referência a algo. E sim, também vemos na culpa uma forma de se manter estagnado. O sujeito que se culpa não precisa enfrentar a vida, se responsabilizar, porque fica ali, fechado em si, sem correr novos riscos.

Portanto, concluímos que todas essas fantasias a respeito de si mesmo são catalisadores de um grande sofrimento que está na base de muitos transtornos mentais.

À medida que o indivíduo se abre para outras verdades dentro dele mesmo, essa visão distorcida de si, da sua importância, e também do outro em relação a si, de dependência, tende a diminuir ou desaparecer.

Para ir dissolvendo essa culpa é necessário descer do pedestal e se reconhecer humano. Perceber e suportar que comete erros, que não é perfeito e que não está no centro das relações. Que somos uma parte da educação dos filhos, dos relacionamentos e de muitas outras situações, mas não somos o centro. Até o fato de ser mandado embora de um emprego não deveria abrir margem à culpa, pois isso também pode acontecer por inveja, por competição ou inúmeras outras situações que nos são desconhecidas até agora. A única certeza que temos é que somos imperfeitos, pequenos, frágeis, muito menos centrais e importantes do que imaginávamos – e quando suportamos essa verdade, a culpa começa a desaparecer!

É claro que existem inúmeros outros fatores para a culpa e para todos os temas que trouxe aqui. Como disse, o objetivo não é fazer um tratado de psicopatologia, e sim oferecer recursos para que cada leitor consiga ampliar um pouco suas percepções do quanto o distanciamento da condição humana pode ser prejudicial.

Sabemos que a experiência que chamamos "culpa" dá o mesmo nome para infinitas vivências interiores, que certamente nem deveriam merecer o mesmo nome. Mas é o que temos para hoje. A forma como cada um vive a inveja pode ser muito diferente, com diferentes bases ou aspectos envolvidos, mas damos o mesmo nome na tentativa de compreender o que há conosco.

O ponto mais importante é usar dessas reflexões para tentar se compreender um pouco mais, não para avaliar qualquer outra pessoa. A reflexão dessa fase gira em torno de como vai a sua relação com a sua condição humana, e como você tem tentado escondê-la, camuflá-la ou vivenciá-la.

19
O amor que decorre do autodescobrimento

Embora o autodescobrimento estimulado até aqui já seja extremamente impactante e transformador, temos ainda uma última demonstração a fazer: quanto mais o sujeito caminha em busca de si, mais nele desperta o amor.

Mostramos que os conflitos psicológicos tendem a perder a força quando tomamos consciência de nossa humanidade. O autodescobrimento como filosofia de vida tende a diminuir a tensão interna, ficando mais confortável dentro de si, sem a necessidade egoica de defesas. Isso é profundamente belo. Mas só compreende o poder dessa transformação aquele que vive o processo. Sendo assim, num processo contínuo, o autodescobrimento como filosofia de vida não poderia nos levar a um isolamento ou fechamento em relação aos demais – muito pelo contrário, a maior e mais profunda consequência do autodescobrimento como filosofia de vida é o despertamento do amor, do verdadeiro amor que vem de dentro para fora, e não da máscara de amor, que dá para ter um retorno, ou que faz para ser reconhecido.

Na atual condição que nos encontramos, a grande maioria não enxerga as pessoas à sua volta. Somos tão pobres internamente, tão desnutridos de nós mesmos, com tantas defesas e inseguranças, que só temos olhos para o que nos interessa, para os nossos, como expressão direta do egocentrismo, que poderia ser lido como expressão da nossa miséria interior.

Cumprimentamos o outro com *"Oi, tudo bem?"* Mas não queremos saber se ele realmente está bem. E se tiver a audácia de dizer *"Que bom que você perguntou! Não. Eu preciso de ajuda"*, nós sentiremos o desconforto do nosso egoísmo, embora possamos até em algum momento ficar felizes em ajudar – em algo que não seja demais, ou se tivermos tempo livre ou dinheiro sobrando. Vez que outra, sequer respondemos à pergunta que nos fazem, e reagimos com outra pergunta *"Tudo bem?"*, desconectados uns dos outros, alheios.

Se não enxergamos o outro, por consequência, não vemos as suas necessidades. O mundo vive inúmeras guerras nesse exato momento. Segundo estatísticas mundiais, a cada quatro segundos uma pessoa morre de fome e outra tenta suicídio, e só no Brasil mais de 30 se matam por dia, todo dia! Ouvimos falar dos problemas de tráfico de pessoas, prostituição, exploração infantil, drogas, delinquências, exclusão, preconceitos, e passamos ilesos por todos eles, chegando ao fim do dia "lindos e esbeltos" como sempre (embora vazios internamente), enquanto alguns pagam o altíssimo preço de uma sociedade egoísta, injusta e, muitas vezes, cruel.

Aqueles temas não parecem ser nossos. São do mundo, da humanidade, lá de fora. São desconhecidos, distantes, e por isso nos mantemos indiferentes, afinal, não nos tocam.

Há alguns discursos mais coletivos, mas a grande maioria são também exteriores, contaminados pela mesma doença que a nossa sociedade. *"Faça sua parte"*, doe um valor "x" para essa instituição religiosa, para essa ONG, para aquela causa num país distante. Alguns de nós fazemos por um certo impulso de ajudar, outros, por peso na consciência, mas a grande maioria continua vivendo como se nada houvesse.

Acredito sim que o mundo será melhor quando as pessoas forem mais caridosas, quando conseguirem se relacionar com o outro de verdade, que pode estar dentro de casa, na rua ou no país distante. Mas creio que essa ação, como tudo que viemos defendendo até aqui, também só terá fundamento e força, se acontecer de dentro pra fora.

Não dá para supor que alguém vai se transformar em caridoso fazendo caridade. A ordem me parece diferente: quem é caridoso faz caridade. Sei que isso é objeto de discordâncias, mas não posso deixar de apresentar minha percepção que o máximo que conseguimos, na repetição de atitudes, é desenvolver hábitos, mas não sentimentos.

A tentativa de mudar o comportamento sem mexer na estrutura é ali fora, não é a transformação de quem somos. Embora se expor a um trabalho assistencial possa ser transformador para muitas pessoas, o que lhe transformou foi algo despertado internamente, e não o ato exterior. Ao auxiliar pessoas no presídio, conhecer suas histórias e me relacionar emocionalmente com elas, posso descobrir o quanto a vida foi gentil comigo, o quanto tenho e não valorizo, ou pensar nos equívocos que cometo. Mas veja bem, tudo isso é consequência do autodescobrimento, é o despertar da consciência, e não decorrente do ato externo. Podemos nos expor a "situações de caridade" para exaltar o *ego*, para mostrarmos como somos maravilhosos, para tentarmos garantir "um lugar no céu".

Qualquer um que assuma o autodescobrimento como filosofia de vida é impelido a reconhecer quão egoísta é, e descobrir que isso não se modificará de uma hora para outra, muito menos com ações externas se não ecoarem no mundo interior. Então, vamos por partes...

A busca de si mesmo tem um poder transformador. Trouxe o exemplo da corrupção, da prostituição, da traição. Olhar para dentro e reconhecer esses traços em nós mesmos nos leva a um outro patamar de análise, menos julgador, e mais, somos capazes de compreender, de respeitar e até de perdoar, afinal sabemos bem o que é aquilo.

Mas nos exemplos que dei até aqui, se observarmos com cuidado, o sujeito ainda é a referência. Compreendo o outro porque eu também erro. Aceito como é porque reconheço o que eu também sou. Não julgo porque estou no mesmo barco.

Até nas grandes causas há o sujeito como referência. Raríssimas são as pessoas que se envolveram em algum tema social sem terem sido diretamente tocadas por eles. Mesmo os exemplos que utilizamos: Martin Luther King Jr. marcou a história dos Estados Unidos em relação ao preconceito racial, mas ele também era negro e sofria na própria pele o preconceito, do mesmo modo que Gandhi era indiano e despertou para a realidade à qual seu povo estava exposto quando foi objeto daquela opressão.

Isso não é pouco, eu sei! Claro que eles poderiam ter encontrado "soluções" mais egoístas, mudando de país, impondo-se num contexto menor, mas foram além, e influenciaram mudanças para todo um povo. Também não é pouco compreendermos, tolerarmos ou perdoarmos pessoas, consequente do autodescobrimento, porque isso também são manifestações do amor, mas podemos ir além na sociedade quanto mais profundo formos em nós mesmos.

E disso, eu fui estudar mais bibliografias, pensar sobre a vida de outras pessoas que aparentemente romperam com essa estrutura autocentrada, e cheguei em duas grandes figuras, ambas religiosas, por acaso: Teresa de Calcutá e Francisco de Assis.

Do que pude apreender, Madre Teresa de Calcutá não passava fome, não tinha familiares passando fome, nem eram seus conhecidos os que ela foi ajudar. Ela vivia confortavelmente dentro de um convento, com saúde e tudo que necessitava para uma vida tranquila, isolada da fome e da escassez que rodeavam seu convento. Trabalhava como educadora, fazia diferença na vida de algumas jovens, e, mesmo assim, decidiu largar tudo para ir às ruas, auxiliar os pobres mais pobres. O que mobilizou aquela pequenina mulher?

Francisco de Assis tem uma história diferente, mas semelhante. Ele vinha de uma família abastada, de dias juvenis de diversão e folguedo, numa vida descompromissada e, de repente, largou tudo para estar com os desgraçados da sociedade. Também não eram eles seus amigos, não tinha relação pessoal com aquela causa, mas largou tudo e foi, sem olhar para trás. E mais ainda, precisou romper drasticamente com os pais e muitos amigos por acharem que ele tinha perdido o juízo.

Perderam o juízo, creio que sim, mas de outra forma. Abandonaram o suposto juízo que dá um senso de autoimportância, de valor maior do que o de outro alguém, e por isso se viram como parte de tudo isso, foram longe (de si) e encontraram "o próximo".

Parece-me que eles enxergaram o constrangimento da fome, a dor do abandono, a ignorância que enlouquece, e, por isso, amaram o outro, e foram ainda além, sacrificando-se pelo outro. Sim. Enxergar o outro pode nos levar ao sacrifício.

Como seres sociais que somos, gregários, está na nossa natureza a relação com o próximo. Mas o que nos impede de enxergá-lo e se relacionar com ele de verdade? O tal do egocentrismo, a altura na qual nos colocamos, o isolamento emocional que as defesas egoicas nos impõe.

A partir do momento em que nos aprofundamos em nós mesmos, as resistências naturalmente se baixam. Nós descemos, e nessa queda egoica podemos nos relacionar de verdade. O reconhecimento da pequena rolha no oceano diminui exigências e expectativas sobre si mesmo. Desse rebaixamento das resistências, naturalmente identificamos nossa humanidade por via das falhas, das limitações, das imperfeiçoes, da pequenez... E isso produz transformação. E quanto mais humanos e menos esvaziados do sentimento de autoimportância, mais temos abertura para caminhar em direção ao outro.

A analogia que mais gosto é da escassez ou da fartura interior que vivemos. O *ego* que tenta se manter lá em cima é o sujeito que não se reconhece como humano, não aceita sua condição, briga consigo e com o mundo tentando impor um valor que não tem. Esse é o sujeito esvaziado de si mesmo, e por tanta escassez, vive o mundo e as relações na tentativa de se preencher, de que o mundo lhe dê aquilo que ele mesmo é incapaz de se proporcionar. No movimento oposto, o sujeito que consegue arriscar descer daquele lugar alto e colocar os pés no chão se reconhece humano, se sente de verdade, e por assim fazer, se preenche de si mesmo. Não são os títulos, a fortuna nem os aplausos que nos preenchem – somente nossas verdades, nossa humanidade. Sendo assim, o indivíduo que toca o chão da vida está mais pleno de si mesmo, menos reativo, porque não precisa provar nada para ninguém, está preenchido de si mesmo, e por isso tem o que dar.

Caridade, perdão, tolerância, amor, são ofertas daquilo que temos, da conquista interior. Por isso afirmei que é impossível fazer sem a busca de si mesmo. São só máscaras porque se estamos vazios de nós mesmos, de nossa verdade, de nossa humanidade, como poderemos ofertar isso para alguém?

Lembra quando no início eu disse que o *ego* fazia a mediação entre o mundo interno e o mundo externo? Ainda continua agindo do mesmo modo, mas agora, no mundo externo não há mais o *status*, a preocupação com a aparência, as demandas simples da vida. No mundo externo há o outro, com suas dores, dificuldades e necessidades; e enxergamos de verdade, enxergamos a sua intimidade, e toda a sua importância, por consequência natural, de já não estarmos nos debatendo com a nossa pequenez egoica.

É um movimento natural, pois na medida em que se busca e se enxerga consegue buscar e enxergar o outro.

Pense em alguém que idealiza o suicídio porque não consegue continuar vivendo aquela dor. É possível imaginar que dor é essa, a ponto de estar disposto a largar a vida? Ou, ao mesmo tempo, que vida vazia é essa que dá para abrir mão por conta de uma dor? Que expectativas tem esse sujeito do futuro, de ser feliz, de acreditar em si? Não seríamos nós também consumidos por dor semelhante à desse sujeito? Como seria sua vida sem os filhos, ou sem aquilo que lhe dá sentido?

É possível enxergar os dependentes de álcool, de drogas, de todos os tipos de silenciadores do mundo interno ou de distrações para fugir dele que está muito doido. Você já ouviu a história, com detalhes, de alguém que se perdeu nas drogas? Não a história do percurso das drogas, mas do sujeito por trás de tudo isso, que se sentia menos do que os irmãos, que não via seu lugar ou importância, que se sentia rejeitado por ser quem era e achava que precisava ser mais porque tinha certeza de que não era suficiente para receber amor de alguém?

O que passa na alma de uma pessoa capaz de vender o próprio corpo para ter dinheiro? Quanto ela mesma acredita que vale? Já pensou em conversar com uma prostituta, ou conhecer a história dela antes de tudo isso? O que há por trás do discurso de dinheiro fácil? Talvez um sujeito que não se sente capaz de ganhar dinheiro por outra via? Que acredita que não tem nada para oferecer para o mundo, senão seu próprio corpo, acima de sua própria dignidade. É possível imaginar o que é fazer sexo com desconhecidos, todos os dias, com pessoas educadas ou grosseiras, limpas ou sujas, bonitas ou feias, decentes ou estúpidas e continuar vivendo? Como não criar uma casca, uma postura de despeito, de ódio pela sociedade que lhe usa no silêncio e na escuridão?

Mas podemos ir além e enxergar aquele que não tem o que comer, ou o mínimo para viver, e pensar que a vida será assim todos os dias, até o fim dos dias, sem poder ter vontade, desejo, expectativas. Milhões de pessoas no Brasil vivem com menos de 1,90 dólar por mês. É possível imaginar isso e quais são as consequências para a autoestima dessas pessoas?

E os idosos que deram sua vida pelos filhos, do seu jeito, mas deram o que tinham de melhor, e hoje não têm alguém para conversar, para ouvir sobre tudo que viveram, deixando que o cérebro fraco consuma suas memórias mais importantes. Seria possível imaginar essa sua vida cheia de colorido, de perfumes e experiências se esvaziando a cada dia e não deprimir na solidão e no abandono a que muitos são relegados? Há um jargão que diz *"velho não muda!"*

Mas você já parou para conversar com algum "velho" e descobrir o quanto ele mudou para ter chegado até ali?

E o que falar das crianças sem pais, sem afeto, sem cuidado e proteção. Os futuros delinquentes, que, pela falta de referência, saíram pelo mundo, buscando algo que nem eles mesmos sabiam o que era?

Se você não se abriu para essas questões, meu convite é para que volte ao início do livro e retome sua busca interior, com mais afinco. Digo para fazer isso porque se não conseguiu se abrir para essas questões é porque você ainda está muito centrado em si mesmo. Não é uma crítica, é uma verdade! Estar centrado em si mesmo é consequência da miséria interior à qual vivemos. Então, por isso, seria exigir demais que seja capaz de ofertar algo a alguém. Você precisa primeiro se alimentar de si mesmo, precisa primeiro se nutrir de quem você é, reconhecer sua humanidade e se plenificar minimamente com isso, para que depois tenha olhos de ver e alimento para ofertar ao seu próximo.

Mas se você já se sentiu tocado por essas questões, então vejamos o que peço: Não estou pedindo a você que ame essas pessoas, porque seriam novas máscaras bonitas. Nem digo "*Faça caridade!*", porque seria o desincumbir de uma tarefa. Mas se você está conseguindo esvaziar um pouco aquele *ego*, alimentar-se de si mesmo, agora que começa a sobrar um pouco de energia para ir além, agora que começa a ter algo interior a ser ofertado, estou pedindo para você levantar os olhos e enxergar quem está a sua volta, e apenas sentir isso.

Não precisa se impor em fazer algo. Apenas enxergar, com atenção, com cuidado. Ouvir a voz, sentir o cheiro, perceber o humano que existe ali, do mesmo modo que Teresa de Calcutá, nas idas e vindas de seu convento, enxergava aquelas pessoas em privações.

Não estou pedindo a você para ser algo para alguém. O *ego* não controla os sentimentos, lembra? Você não pode decidir amar, ser bom, nem virtuoso. Você, assim como eu, somos pequenos, frágeis, imperfeitos, e está tudo bem!

O meu pedido para você, ao invés de dizer ame (como se pudesse ser uma escolha egoica), minha última sugestão de exercício no seu processo de autodescobrimento, é que enxergue o outro e transmita o que viu ao *Self*. O *ego* antes não tinha tempo nem energia para fazer isso porque estava muito ocupado consigo, tentando provar o que não era possível. Mas agora que você já encontrou um lugar estável aí dentro, contemple a verdadeira realidade à sua volta! Faça isso com respeito, com o máximo de atenção. E, por fim, apresente ao senhor, ao deus interior. Lembra que ele é o grande gerente? Que dele vem as verdadeiras ordens que devem ser seguidas, frente às quais o *ego* é um mero porteiro? Pois bem, agora que o *ego* já sabe o seu lugar, enxergue o seu próximo, apresente ao seu deus interior, e um dia eu espero encontrar você para que me conte o que ele mandou você fazer!

Como chegamos até aqui

A série do YouTube "Vai pra dentro!"

O ano de 2020 será lembrado por muitos como a data que o mundo conheceu a COVID-19.

Eu havia me mudado para Londres no segundo semestre do ano anterior, vivendo essa nova cultura para mim e passados alguns meses vivíamos uma pandemia. Do susto inicial entre China e Itália, logo a Europa começou estertorar. Em fevereiro, no Reino Unido havia rumores de um *lockdown* impedindo as pessoas de sair de casa. As coisas aconteceram muito rápidas e em pouco tempo, na Europa e nas Américas, as pessoas estavam isoladas. No Brasil predominou um *slogan*, em adesivos, propagandas e principalmente nas redes sociais: "Fique em casa!"

Na mesma rapidez do contágio, os problemas de "estar em casa" também se deram. A maioria das pessoas foi forçada a interromper suas rotinas que lhe mantinham alienadas de si mesmas, de suas frustrações, de suas relações chatas ou insatisfatórias, do convívio com filhos mal-educados por elas mesmas e do impedimento de desfrutar das distrações que tentavam silenciar a vida interior. É certo que alguns se beneficiaram dessa experiência, mas a média adoeceu ainda mais.

As redes sociais que já vinham tomando proporções desajustadas na vida das pessoas tornaram-se então a principal "válvula de escape" para muitos e algo gritou para mim: vamos falar da dificuldade de "ficar em casa", no sentido simbólico do mundo interior, da casa pessoal, do contato consigo.

Pessoas falavam que a pandemia estava nos convidando ao exercício do amor, da fraternidade. Mas ao mesmo tempo eu pensava *"como assim o exercício do amor se estamos sendo forçados a ficar em casa, isolados, distantes uns dos outros?"* Diferente das catástrofes climáticas ou das guerras onde um impulso de auxílio mútuo nos toma, a COVID-19 trouxe o medo do contato, da exposição, suscitando o distanciamento, tendo como regra "não abraçar, não beijar, sequer apertar as mãos..."

Foi assim que comecei o primeiro encontro no canal do YouTube "Psicólogo Marlon Reikdal", num programa que ficou conhecido como "Vai pra dentro!"

Falei do meu ponto de vista, de que esse vírus estava fazendo um convite. Se quando adoecemos, o corpo está sinalizando algo, uma pandemia era a sinalização da doença do mundo. Entendi que o "convite" era para "não sair", ou seja, "para ficar dentro de casa", no sentido de ficar em sua própria companhia, olhar para dentro, agora sem as distrações do mundo. Nada de viagens, de jantares, de compras e passeios. Por consequência, nada de novo para exibir ou postar, o que diminuiu também os *likes*. E agora? Sem distrações, sem fugas, sem ocupações... o que fazer senão olhar para si mesmo, conviver consigo de modo mais aberto, genuíno e franco?

Nos primeiros meses já havia sinalização de graves consequências como o aumento do consumo de álcool, os agravos das dificuldades de relacionamento afetivo, o aumento de brigas e discussões em casa, a impaciência com filhos que por sua vez também não sabiam usar do espaço da casa nem tinham o hábito da disciplina e da organização.

Preguiça, raiva, medo, tristeza, inveja, orgulho, inflexibilidade, compulsões... As pessoas foram postas em frente a um espelho imaginário, sendo obrigadas a encarar suas vidas, suas escolhas, seu mundo interior, desconhecido. Mas tudo isso era apenas o sintoma, a sinalização do jardim abandonado, precisando de atenção, de investimento, de cultivo.

Falávamos do mundo que está doente, da humanidade que precisa se transformar, se curar. E o programa foi mais uma das tantas ações que começaram a surgir, num convite de mudanças. Eu não sabia o que falaria no segundo encontro até abrir a câmera no primeiro dia, mas me aventurei. O número de pessoas foi crescendo de modo inesperado e em alguns meses o novo canal já havia mais de 15 mil inscritos, na intenção de se voltarem para dentro, com questões, dúvidas, entendimentos e confusões que foram tornando a experiência "ao vivo" algo extremamente rico, que naturalmente foi dando direção às reflexões.

Passados alguns meses do programa com tão grande repercussão, tantos depoimentos de transformações, decidi escrever um livro sobre esse tema. As fronteiras dentro da Inglaterra estavam amenizadas e fui para Cambridge, isolar-me ainda mais, para que no silêncio e recolhimento pudesse colocar no papel o que eu também tinha aprendido e clareado até então.

O livro não é a transcrição do programa, embora essa tivesse sido a minha ideia inicial. Mas naqueles dias de interiorização e silêncio muitas outras ideias foram brotando e acabou que os vídeos tiveram um tom mais emocional, pela interação e pelo caminho que foi se construindo a partir da discussão coletiva, enquanto o livro teve uma linha mais didática, explicativa e detalhada, constituindo materiais complementares.

Todos os dias recebo agradecimentos de pessoas que começaram a despertar para essa realidade, que viviam em verdadeiros castelos egoicos que foram destruídos com esse conhecimento incrível que as psicologias de Sigmund Freud e Carl Gustav Jung nos proporcionaram. E com esse livro pretendemos atingir muitas outras!

Importante reforçar que nem os vídeos e nem o livro têm a intenção de substituir um processo psicoterapêutico. A terapia é algo profundo e indescritível, numa relação de vínculo e transformação que nenhuma obra é capaz de substituir.

É certo que muitas pessoas precisarão de acompanhamento especializado, e estamos aqui para estimular que procurem um profissional e façam. Não é fácil encontrar alguém que nos adaptemos. Mas não deixe de procurar, seja por uma indicação, pela internet onde você puder ter uma noção da experiência e da área de atuação, ou por meios dos institutos de psicologia.

Outras pessoas já estão no meio de um processo terapêutico e certamente serão instigadas a ir além, aproveitando cada vez melhor sua possibilidade de conhecer e habitar o mundo interior.

Foi-se o tempo que acreditavam que a psicologia era para gente louca, problemática ou só para quando você está à beira do suicídio. A psicologia é um instrumento poderoso de transformação social, auxiliando as pessoas a viverem melhor consigo mesmas e com o próximo. Ela vem para ajudar o sujeito a não adoecer, para auxiliar a lidar com as demandas da vida, administrar os desafios, se preparar para as novas fases, e ter mais consciência para conseguir desenvolver o seu potencial e oferecer ao mundo o que tem de melhor.

No meio de tudo isso, a expressão que mais repeti, e que ficou marcada para muitos, foi o *"Vamos parar com essa palhaçada!"*, e assim resumo minhas intenções, tanto do programa como deste livro: Vamos parar com essa palhaçada de vida vazia e exterior, de fantasias infantis, de realidades incabíveis, de exigir o que é impossível, de querer mostrar o que não somos. Vamos parar com essa palhaçada de alimentar a hipocrisia, de fingir que estamos bem quando não estamos ou que somos melhores do que os outros, quando na verdade, internamente, somos muito mais parecidos do que imaginamos. Vamos parar com essa palhaçada de querermos ser deuses, perfeitos, esquecendo nossa humanidade. Precisamos aprender a viver aquilo que é possível, verdadeiro e pleno. Bom mesmo é ser humano!

Referências bibliográficas

ALMEIDA, J.F. *Bíblia Sagrada* (revista e atualizada no Brasil). 2. ed. São Paulo: Sociedade Bíblica Brasileira, 1993.

FRANCO, D. P. *Impermanência e imortalidade*. Rio de Janeiro: FEB, 2004.

JUNG, C. G. *A natureza da psique*. 5. ed. Petrópolis: Vozes, 2000 (Obras Completas Vol. 8/2),

_____. *Psicologia do inconsciente*. 7. ed. Petrópolis: Vozes, 2007 (Obras Completas, Vol. 7/1).

_____. *Os arquétipos e o inconsciente coletivo*. 7. ed. Petrópolis: Vozes, 2011a (Obras Completas, Vol. 9/1).

_____. *Estudos alquímicos*. 2. ed. Petrópolis: Vozes, 2011b (Obras Completas, Vol. 13).

_____. *Memórias, sonhos e reflexões*. 22. ed. Rio de Janeiro: Nova Fronteira, 2012 (Edição especial – Livraria Cultura).

_____. *Psicologia e religião*. Petropolis: Vozes, 2013 (Obras Completas, Vol. 11/1).

_____. *O eu e o inconsciente*. Petrópolis: Vozes, 2014 (Obras Completas, Vol. 7/2).

_____. *Aion* – Estudo sobre o simbolismo do si-mesmo. Petrópolis: Vozes, 2015 (Obras Completas, Vol. 9/2).

TUBY apud ZWEIG, C. & ABRAMS, J. *Ao encontro da sombra*: O potencial oculto do lado escuro da natureza humana. 8. ed. São Paulo: Cultrix, 2011.

STEIN, M. *Jung* – O mapa da alma. 5. ed. São Paulo: Cultrix, 2006.

WHITMONT, E. *A busca do símbolo* – Conceitos básicos de Psicologia Analítica. 6. ed. São Paulo: Cultrix, 2004.

ZWEIG, C. & WOLF, S. *O jogo das sombras* – Iluminando o lado escuro da alma. Rio de Janeiro: Rocco, 1997.

Conecte-se conosco:

f facebook.com/editoravozes

⌾ @editoravozes

🐦 @editora_vozes

▶ youtube.com/editoravozes

🟢 +55 24 99267-9864

www.vozes.com.br

Conheça nossas lojas:

www.livrariavozes.com.br

Belo Horizonte – Brasília – Campinas – Cuiabá – Curitiba
Fortaleza – Juiz de Fora – Petrópolis – Recife – São Paulo

  Vozes de Bolso

EDITORA VOZES LTDA.
Rua Frei Luís, 100 – Centro – Cep 25689-900 – Petrópolis, RJ
Tel.: (24) 2233-9000 – E-mail: vendas@vozes.com.br